DE L'ALGÉRIE

ET DES MOYENS

D'ASSURER SON AVENIR.

Par Adrien FÉLINE.

PRIX : 1 FR.

Paris.

Chez Auguste LENEVEU, rue des Grands-Augustins, 18;
BECK, rue du Cimetière Saint-André des Arts, 13;
A ALGER,
Chez BASTIDE, libraire.

1842.

Table des Matières.

DE L'ALGÉRIE

ET DES MOYENS

D'ASSURER SON AVENIR.

———•◦◦◦◦✳◦◦◦◦•———

Il est impossible pour qui se préoccupe des intérêts de la France de ne pas tourner souvent ses pensées vers l'Algérie, ce pays qui nous a coûté l'année dernière cent trente millions, et qui moissonne par les maladies tant de jeunes et belles existences. Qu'avons-nous obtenu en retour de tant de sacrifices ? la preuve de la nullité de nos hommes d'état ; la preuve que la France, si belle et si forte dans tout ce qui demande de l'imagination et du cœur, est inhabile et incapable lorsqu'il s'agit de choses positives qui n'exigent que du rationalisme.

L'Algérie pourra-t-elle un jour nous dédommager de nos sacrifices, du moins de ceux qui nous restent à faire ? Voici la première question.

Quels sont les moyens d'y parvenir ? Voilà la seconde, qui se divisera naturellement en domination, colonisation et administration.

Depuis que nous possédons l'Algérie, j'avais cherché la solution de ces questions, je pensais avoir trouvé des moyens de résoudre la seconde, j'avais il y a deux ans rédigé un mémoire sur ce sujet, dans lequel je proposais la colonisation par les régimens : quelques personnes auxquelles je l'avais soumis en ayant approuvé les idées principales, j'ai voulu aller sur les lieux, afin de mieux étudier ce projet. Ma santé promptement attaquée ne m'a pas permis d'y prolonger mon séjour et de me livrer à toutes les investigations que j'avais projetées; je ne me crois donc pas en état de juger les détails d'exécution ; mais j'en ai vu assez pour me former une opinion sur les vues d'ensemble, sur les systèmes à suivre. D'ailleurs le temps presse, on projette un système de colonisation qui me semble erroné et ruineux, et la dernière ordonnance sur l'armée d'Afrique me prouve que l'on n'entend pas mieux les moyens d'établir notre domination dans le pays. Je me trompe peut-être ; mais rempli d'une conviction intime, je ne puis remettre à une autre époque le devoir de prévenir le pays qu'on l'entraîne, selon moi, dans une fausse voie.

Que pouvons-nous espérer de l'Algérie ? Rien que de funeste, disent les uns. La puissance, la grandeur de la France, la domination dans le Levant, la Méditerranée rendue un lac français, disent les autres.

Il y a trop de découragement dans la première opinion ; il y a une déraison complète dans la seconde, faite pour soulever contre nous toutes les puissances maritimes. L'Algérie n'est pas la route du Levant, et n'aura aucune influence directe sur son avenir. La France et l'Algérie ne forment ensemble qu'une bien faible partie des rives de la Méditerranée ; il n'existe sur la côte algérienne, ni port, ni rade naturelle, et la mer dans laquelle les Anglais possèdent Gibraltar, Malte et Corfou ; où les Russes auront sans doute bientôt une magnifique rade fermée par les Dardanelles, n'est pas près de devenir un lac français. Cette expression déjà employée par quelques écrivains paraîtrait bien impertinente aux étrangers, si elle n'était complètement ridicule. La France veut la liberté et non la souveraineté des mers.

Ce que je demande à l'Algérie, c'est sa terre : terre vraiment promise et dont la fertilité frappe tous ceux qui la voient. Cette terre doit suppléer celle de notre sol, qui commence a être insuffisante pour notre population. Je m'effraie de nous voir réduits au défrichement pénible de terrains ingrats, au déboisement désastreux de nos montagnes, cause des inondations et des sécheresses : Faute de bois et d'eau la France serait bientôt transformée en une solitude semblable à celles de l'Asie jadis aussi peuplée. Voilà pourquoi je veux l'Algérie, pourquoi je vais chercher les moyens de la conserver pour la France.

DE L'ADMINISTRATION.

La première chose à faire est de bien distinguer le territoire que l'on veut coloniser, de celui où l'on veut simplement établir l'autorité de la France. Mieux la limite sera tracée et plus l'administration sera facile. J'avais demandé que le territoire colonisé fût entouré d'un obstacle continu qui fît bien sentir aux Arabes que dans l'intérieur de cette ligne ils étaient chez nous, que hors la ligne ils étaient chez eux. Cet obstacle, à l'imitation des ouvrages élevés par les Romains contre les Pictes, les Daces et autres barbares, était le complément indispensable du traité de la Tafna, il eût empêché la guerre actuelle. Mais en traçant cet obstacle il fallait surtout bien savoir de quelle manière on le ferait garder ; question qui paraît n'être venue qu'après coup, seulement lorsque l'on a eu arrêté le tracé de l'enceinte que l'on effectue maintenant. Malgré le joli mot de Napoléon sur Malte, un ouvrage ne se défend pas tout seul, et les défenses doivent toujours être faites pour les défenseurs. Ceux-ci sont le principal, les ouvrages sont l'accessoire. Aujourd'hui que la domination de toute l'Algérie est devenue une impérieuse nécessité, que cette œuvre est au moment d'être accomplie, l'enceinte va perdre de son importance. Et pourtant nous rappelant le principe *si vis pacem para bellum*, nous demanderons que la colonisation qui formera le noyau de la puissance française, soit autant que possible établie d'après un sytème défensif, dans la prévision que les Arabes, appuyés par un armée européenne et une flotte maîtresse dans la Méditerranée, veuillent un jour se révolter.

De toutes les fautes commises en Algérie, l'une des plus graves assurément a été l'occupation d'un grand nombre de villes éloignées du centre de nos opérations. Vainement les commissions de la Chambre s'étaient, il y a plus de dix ans, élevées contre ce système ; vainement le maréchal Soult avait promis de le réprimer, il a toujours pris plus d'extension sous chaque gouverneur, et le maréchal Valée l'a poussé plus loin que tout autre dans le moment le plus inopportun. Quels services nous ont rendus depuis que nous les occupons les places de Bougie, Gigelli et Cherchell ? Aucun absolument, elles nous ont employé des troupes, elles nous ont coûté des hommes et de l'argent ; mais notre influence, loin d'y gagner, y perdait, puisqu'étant bloqués dans ces places, n'osant pas en sortir, nous étions vis-à-vis des Cabyles qui les entourent dans un état d'infériorité évident. Du moins ces trois places pouvaient être facilement ravitaillées par mer ; mais il n'en est pas de même de celles de Medeah et Milianah. On n'a pas assez parlé de l'épouvantable désastre de la première garnison de cette dernière place, où un bataillon de huit cents hommes du 3ᵉ léger est lentement mort de faim. Le détachement d'artillerie était réduit à ce point que lorsque l'on craignait une attaque, les officiers d'infanterie, qui, grâce à leur énergie, avaient conservé plus de force que les soldats, transportaient un artilleur pour pointer la pièce qu'ils servaient eux-mêmes. Enfin il n'a peut-être pas survécu trente hommes de cette garnison. Celle de Medeah, commandée par le général Duvivier, fut moins malheureuse, elle ne perdit qu'environ deux cent cinquante hommes dont la mort a été attribuée à l'insuffisance des alimens. Dans le commencement, le général Duvivier vendait aux hommes des pains du magasin, mais le maréchal Valée, avec son impitoyable dureté, le défendit sous prétexte que c'était contraire aux règlemens. Le prix d'un pain de munition s'éleva alors jusqu'à trois francs. Voilà les souffrances de ces premières garnisons ; eh bien, ce n'est rien auprès de ce que nous ont coûté depuis deux ans les fréquens ravitaillemens de ces places. Pendant mon séjour à Alger, le général Baraguay d'Illier allant ravitailler Milianah avait fait suivre à son convoi la vallée de l'Oued-Ger, croyant y trouver de l'eau ; le lit de cette rivière étant complètement à sec, il fut obligé de continuer sa marche. En arrivant à Blida il avait quinze cents malades. La perte du convoi, en chevaux, mulets et bœufs, fut considérable et d'autant plus sensible que dans ce moment la viande se vendait vingt-cinq sous la livre à Alger, et que l'on ne savait où acheter des mulets de bât et des chevaux pour la cavalerie. Si l'on évalue à trente le nombre des ravitaillemens qu'il a fallu effectuer depuis deux ans, pour ces deux villes, on pourra se faire une idée de ce qu'elles nous ont coûté. Chaque ravitaillement n'a pas été sans doute aussi calamiteux que celui que je viens de citer ; mais pour les uns il fallait enlever des positions difficiles, pour d'autres, au lieu de sécheresse l'on avait à supporter d'effroyables orages, à passer des rivières avec de l'eau jusqu'aux aisselles. Quels avantages avons-nous retirés de ces énormes sacrifices ? On a enlevé deux villes à Abd-el-Kader. Est-ce d'une bonne politique ! Je ne le pense pas. Abd-el-Kader avait senti les avantages de la civilisation, mais il ne comprenait pas assez combien elle donnait de prise au vainqueur et combien les peuples nomades et à demi barbares avaient d'avantage dans la guerre de partisan, la seule qu'il pût nous opposer. Avoir des villes, dont nous pouvions toujours nous emparer, était de sa part une faute que nous devions encourager. Plus ces agglomérations de populations sédentaires auraient pris d'importance et plus nous eussions trouvé de facilité pour faire accepter notre loi lorsque le jour serait venu d'étendre jusque là notre puissance.

Il était donc d'une bonne politique de ne pas faire la guerre aux villes, mais aux tribus, et puisqu'on voulait absolument les visiter, du moins devait-on les évacuer sans renverser les maisons.

On a fait également beaucoup valoir la destruction d'une fonderie de canons qu'Abd-el-Kader avait établie à Milianah. On pouvait détruire cette fonderie et revenir. Il était également d'une mauvaise politique d'empêcher les Arabes d'avoir des canons.

Lorsqu'on fait usage de canons, il faut les défendre, il faut tenir dans certaines positions. On est forcément amené à livrer des combats plus sérieux. Or, tous les efforts de nos généraux tendent à amener les Arabes à se battre : c'est là ce qui constitue l'immense difficulté de cette guerre.

Lorsque l'on aurait cru avoir amené les Arabes à se détacher d'Abd-el-Kader, mais seulement alors, il eût pu être utile de démolir les places d'armes qu'il avait élevées moins contre nous que contre les indigènes. Que l'on calcule combien le ravitaillement des cinq places que j'ai nommées, ont absorbé d'hommes et d'animaux, et l'on sera effrayé du résultat. Six mille hommes valides, représentant près de dix mille hommes de troupes, n'ont guère fait autre chose depuis deux ans, sans que ni les excursions qu'elles faisaient contre les tribus voisines, ni l'influence de ces faibles garnisons, aient amené la soumission d'une seule de ces tribus. Trois ou quatre mille hommes n'ayant pas de convoi à escorter eussent pu facilement visiter ces places aussi souvent qu'on l'eût voulu ; mais il eût bien mieux valu garder la défensive dans la province d'Alger et porter la guerre à Mascara, comme l'a fait le général Bugeaud. C'est là ce qui a forcé les Arabes de la province d'Oran à évacuer celle d'Alger, c'est lorsque six mille hommes ont été établis à Mascara que les tribus voisines les plus belliqueuses et les plus dévouées à Abd-el-Kader, se sont soumises.

Que ces faits servent d'exemple et qu'on se rappelle qu'en Algérie les positions avancées ne doivent jamais être occupées avec des forces assez peu nombreuses pour que nos garnisons y puissent être bloquées.

Quant à la colonisation, elle doit former des lignes infranchissables pour les Arabes, profiter des accidens de terrain et s'étendre du Nord au Sud, afin d'empêcher les communications entre les diverses parties de l'Algérie qui se trouvèraient ainsi séparées.

Je reviendrai plus tard sur le système de colonisation qui remplirait le mieux ce but défensif; c'est maintenant de l'administration que je veux parler.

L'administration coloniale doit, comme en Europe, se préoccuper de l'individu, de la famille, de la commune. Il n'en est pas de même dans la partie où nous avons seulement à établir notre domination sur une société déjà constituée. Cette société a pour base la tribu, qui est bien la forme la plus favorable à la conquête. L'esprit de tribu tue l'esprit de nationalité, et il groupe les populations de manière à dispenser le dominateur de se préoccuper des individualités et de répondre de leur sécurité. La tribu présente un corps saisissable, que l'on peut rendre responsable. Je suis loin de prétendre que ce soit la forme la plus favorable au bonheur de l'humanité; mais puisque c'est celle des Arabes, loin de vouloir la leur enlever il faut que tout tende à la maintenir.

On doit sentir assez la faute qui a été commise en reconnaissant l'autorité d'Abd-el-Kader sur plusieurs tribus pour ne vouloir pas la renouveler. Je ne blâme pas d'une manière absolue les nominations du bey Osman et du marabout Mohammed ben Abdallah parce que je les considère comme transitoires, mais l'on doit reconnaître tous les jours leur inefficacité. Il faut au contraire maintenir chaque tribu dans son individualité et tâcher peu à peu de la bien constater ainsi que le territoire qui lui appartient.

Chaque tribu doit être gouvernée par un ou plusieurs chefs suivant ses usages et les circonstances. Ces chefs, doivent être proposés par la tribu et investis par la France. Cette élection est indispensable pour établir entre ces chefs et ces tribus un lien tel qu'ils puissent être responsables les uns des autres.

L'administration française doit intervenir le moins possible dans ce qui se passe dans l'intérieur des tribus. Si pourtant un individu étranger à une tribu a été volé, maltraité ou assassiné sur son territoire, alors l'autorité intervient, elle exige la punition du coupable s'il est connu et livré ; s'il ne l'est pas, la tribu doit payer une amende pour expier sa négligence.

L'autorité de la France doit surtout s'exercer lors des débats entre tribus. C'est par le droit de haute justice qu'elle fera sentir sa puissance et sa protection tutélaire. Au lieu d'une souveraineté telle qu'elle existe chez tous les gouvernemens de l'Europe, nous ne devons établir qu'une suzeraineté qui se borne à la protection du suzerain, compensée par le service militaire dû par le vassal. L'impôt exigé des tribus doit être léger ; c'est surtout par les douanes établies dans un but, non prétendu protecteur de l'industrie, mais franchement fiscal, que l'on pourra tirer un revenu du pays, à mesure que les besoins des Arabes augmenteront les relations commerciales.

Cette suzeraineté de la France ne doit s'étendre que lentement et de proche en proche. Loin d'aller chercher des ennemis et inquiéter des tribus paisibles, nous devrions prendre pour principe que qui n'est pas contre nous est pour nous. Les Cabyles surtout sortent peu de chez eux, mais ils n'aiment pas qu'on aille les y trouver.

Le gouverneur ne saurait trop se méfier de cet esprit militant et souvent ambitieux qui tourmente nos meilleurs officiers et les pousse à chercher des occasions de se distinguer. Nous sommes en France et trop faiseurs et trop entreprenans ; nous y agissons le plus souvent, non pour faire quelque chose de bon, mais uniquement pour faire quelque chose. Cette tendance inquiète ruine le trésor et compromet l'avenir.

Quelque peu que l'on exige des tribus, il faut néanmoins qu'on exerce sur elles une certaine surveillance et qu'elles sachent où prendre l'autorité dont elles relèvent. Il est donc nécessaire de diviser chaque province en un certain nombre de départemens. Ainsi la province d'Oran pourrait comprendre les départemens d'Oran, Tlemcem, Mascara et Mostaganem.

Dans chacune de ces villes serait un chef français, espèce d'aga des Arabes, qui recevrait les ordres du commandant de la province et en référerait à lui pour les affaires graves.

Lorsqu'à l'avenir une tribu se sera soulevée, les

peines à lui infliger pourront être : une amende en argent ou bestiaux; la privation de présenter ses chefs; et enfin l'interdiction d'avoir des armes et des chevaux. On la fera interner sur un territoire où il sera facile de la surveiller, et on remplacera le service militaire qui doit être considéré comme un honneur par des impôts plus considérables, forçant ainsi cette tribu à devenir agricole de guerrière qu'elle était.

DES TROUPES INDIGÈNES.

Il ne suffit pas de terminer la guerre (espérons que par suite des immenses sacrifices qui ont été faits depuis deux ans par la France, ce sera bientôt un fait accompli). Il faut organiser une force telle que les tribus, quelque remuant et inconstant que soit le caractère arabe, ne puissent être tentées de la recommencer.

Tous les renseignemens que j'ai pu recueillir en Afrique m'ont amené à cette conclusion, que pour battre promptement Abd-el-Kader il nous eût fallu une cavalerie plus nombreuse et que la meilleure cavalerie que nous puissions avoir dans ce pays serait celle appelée spahis, composée de soldats indigènes commandés par des Français.

Les Arabes, qui croyaient triompher de notre infan-

terie, ont pu d'abord donner prise à ses coups ; et dès
lors, il eût fallu avoir une cavalerie suffisante pour
les poursuivre et recueillir les fruits de la victoire.
Mais aujourd'hui ils ont appris à leurs dépens à mieux
faire la guerre, et les occasions deviennent de plus en
plus rares pour l'infanterie. La campagne de 54 jours
qu'a faite le général Bugeaud à la fin de 1841, en est
la preuve ; il n'a pu avoir que deux rencontres qui
n'ont été que des combats de cavalerie. Dans l'une,
quelques escadrons seulement des réguliers d'Abd-el-
Kader étaient en ligne et nos spahis en ont eu bientôt
raison ; dans l'autre toute la cavalerie de l'Emir, pré-
sentant cinq à six mille combattans, était opposée aux
dix-huit cents cavaliers de notre armée. Si ces dix-
huit cents hommes eussent été chasseurs ou spahis, ils
eussent aussitôt vaincu malgré le nombre, mais plus
de la moitié était composée d'auxiliaires irréguliers
qui furent ramenés sur notre infanterie. La conclusion à tirer de ce fait d'armes est que notre cavalerie
n'était pas assez forte pour se séparer de l'infanterie.
Dès lors elle devait régler sa marche sur celle de cette
arme qui, elle-même, ne pouvait se séparer de son
convoi. Notre armée, marchant moins vite que les familles et les troupeaux des Arabes, qui fuient devant
elle, ne peut donc jamais les atteindre, mais seulement
les surprendre quelquefois, par hasard. Si nous avions
une cavalerie suffisante pour ne pas craindre celle
d'Abd-el-Kader, cette cavalerie trouvant la trace d'un
douair, l'aurait bientôt rejoint. Après les affaires,
elle poursuivrait l'ennemi à outrance et lui ferait

quatre fois plus de mal que pendant le combat.

Une cavalerie régulière, bien montée, bien commandée, ne craindra pas des Arabes, fussent-ils trois fois plus nombreux. Sans doute nos alliés irréguliers nous ont rendu de grands services, mais des plaintes graves s'élèvent contre eux. Ils sont d'une indiscipline telle qu'on ne les trouve pas au moment du besoin, tout occupés qu'ils sont de vider des silos, de ramasser des effets dans un douair abandonné, ou de courir après quelques bestiaux ; il faut les attendre et l'occasion est manquée. D'autres fois ils dépassent la colonne et donnent l'éveil à l'ennemi. Les chefs ont un bagage considérable qui augmente nos convois : puis dans les razias, chacun ramasse son petit troupeau, et au lieu de soldats on n'a que des pâtres. Ils prennent ou gâtent l'eau des fontaines. Enfin, leur indiscipline, si commode et si profitable pour eux, est du plus fâcheux exemple pour nos soldats.

Nos chasseurs si beaux, si braves, ont d'autres inconvéniens. Ils ne sont pas aussi bons cavaliers que les Arabes, ils se servent moins bien du fusil, enfin, malgré leur courage ils succomberaient probablement dans des combats individuels. Ils ne savent ni aussi bien soigner leurs chevaux , ni s'éclairer , s'orienter, dresser des embuscades. Pour qui a réfléchi sur l'art de la guerre, ce n'est pas de la cavalerie légère, mais de la grosse cavalerie. Il y a longtemps que nous l'avons dit, la France a la première cavalerie de bataille du monde, mais on aura beau tailler les habits comme on le voudra et même diminuer la taille des hommes et des chevaux, les soldats français ne feront jamais de la cavalerie légère comme les Arabes et tous les peuples pasteurs et à demi civilisés. Et pourtant c'est de la cavalerie légère qu'il faut en Afrique. Or, nous en avons qui satisfait à cette double condition, qui est presque aussi brave, aussi disciplinée que la cavalerie française et qui possède en même temps toutes les qualités des Arabes. Un spahis en accrochant huit pains à l'arçon de sa selle, vivra huit jours sans distributions de vin, de viande, de riz, de biscuit, de sel et de tant de choses nécessaires aux Français. Dès lors, plus de ces *impedimenta* qui ralentissent tous les mouvemens dans un pays où les mœurs nomades des habitans exigent tant de célérité.

Un corps de spahis pourra faire plusieurs lieues au galop et bivouaquer où il se trouvera, sans être obligé d'attendre ni de revenir sur ses bagages. Une troupe aussi agile, connaissant si bien les usages du pays, saura toujours bien attraper quelques bestiaux, trouver quelques silos et surtout de l'eau qui est plus nécessaire encore aux chevaux qu'aux hommes. Ces cavaliers séparés de la colonne sauront s'orienter et se retrouver. Le colonel Marey avait formé à Alger un premier corps de spahis qui n'a pas très bien réussi ; mais ne doit-on pas l'attribuer surtout à l'hostilité qui existe contre tout ce qui sort de l'alignement, à cet esprit de critique, de dénigrement, de routine, disons même de jalousie qui est le fléau de notre armée. En dépit de ce que l'on avait dit contre ce corps qui semblait jugé et condamné, lorsque les hostilités recommencèrent à la fin de 1839, les deux escadrons qui en restaient rendirent, de l'aveu de toute l'armée, les plus éminens services. Il est vrai qu'ils étaient commandés par le chef d'escadron Bouscaren, l'un des officiers les plus distingués de l'armée d'Afrique, l'un de ces hommes rares que la nature avait créés pour être un brillant général de cavalerie, et qui depuis deux ans se trouve arrêté dans son avancement par un trait de probité qui jure trop, il faut le dire, avec les mœurs et les habitudes de sollicitation que l'administration qui nous gouverne a introduites dans nos mœurs. Malgré les services rendus par ces deux escadrons, on les a laissé dissoudre, et il a fallu que le capitaine d'Allonville les déguisât sous le nom de gendarmes maures pour en recueillir les débris et les reconstituer. Dernièrement les bulletins nous ont appris ce dont de semblables troupes sont capables. Cent cinquante de ces gendarmes maures, sous la conduite d'un lieutenant, sont allés à 15 lieues d'Alger exécuter une razia dans les montagnes à l'extrémité de la plaine et ont pris en proportion vingt fois plus de bestiaux en trois jours, que la colonne de dix mille hommes du gouverneur en cinquante-quatre. C'est qu'il n'est pas de troupe française qui soit capable d'un si hardi coup de main, non faute de courage assurément, mais des autres qualités, plus nécessaires encore dans la guerre de surprise. C'est surtout que les grandes expéditions, contre lesquelles on ne saurait trop s'élever ne peuvent donner des résultats comparables à ceux des petites.

Un autre régiment de spahis a été formé dans la province d'Oran et mis sous les ordres du colonel Jousouf ; plusieurs fois il avait été question de le dissoudre ; eh bien, c'est ce régiment et son colonel qui ont eu les honneurs de la dernière campagne.

Mais, dira-t-on, ce que vous demandez vient d'être fait : une ordonnance royale du 7 décembre a réglé l'organisation des corps indigènes. C'est précisément cette ordonnance que je considère comme fatale à ces corps. C'est cette règle inflexible de nos Procustes bureaucrates que je repousse lorsqu'elle vient poser ses entraves, ses limites, ses exclusions, là où il est déjà si difficile de trouver des hommes capables. Aux yeux du ministre et de ses employés, un officier est un homme qui a un parchemin dans la poche et une frange sur l'épaule ; mais pour les Arabes, un officier est celui qui réunit les qualités les plus éminentes et les plus rares. Ce sont ces hommes d'élite, qui seuls obtiendront l'obéissance et sauront établir l'influence de la France dans le pays. Les Arabes ne sont pas comme des Russes, des Allemands, des Turcs, pour lesquels l'ordre est tout, pourvu qu'il vienne du chef reconnu. Bien plus encore que les Français et que les nations du midi de l'Europe, leur active intelligence juge et contrôle. Capables des plus grandes choses à la suite des officiers qui sauront exciter leur ardeur, ils échappent par mille finesses aux ordres de chefs inintelligens et vulgaires.

La politesse et par suite la susceptibilité des Arabes et même des Cabyles est extrême. Les colons ont reconnu que les ouvriers indigènes capables de rendre de bons services lorsqu'ils sont sous les ordres immédiats des hommes que nous appelons bien élevés en Europe, ne peuvent supporter le contact de nos hommes du peuple, de nos contre-maîtres, à cause de leur grossièreté. Les spahis recevront sans se croire offensés deux cents coups de bâton qui leur seront donnés par l'ordre de leur officier, mais ils ne supporteraient pas un acte de brutalité de ce même officier. Les Orientaux ne comprennent nullement la barrière immense qui chez nous sépare les officiers de la troupe et qui est un reste de nos habitudes aristocratiques ; il faut donc des officiers qui comprennent cette différence extrême qui doit exister dans la manière de commander des soldats arabes ou des soldats européens.

Je ne crois pas inutile de citer ici un trait que j'ai entendu conter à l'un des officiers que je viens de nommer; il peint parfaitement le caractère arabe dans toute sa sensibilité, et montre mieux qu'il est possible de dire, tout le parti qu'en peuvent tirer des hommes de tête et de cœur.

Le capitaine du génie Bouscaren venait de passer adjudant-major dans les spahis, lorsqu'à la première affaire il reçut une blessure grave. Pendant sa maladie on lui donna le commandement d'un escadron. Dès qu'il fut convalescent il vint demeurer au quartier. Là, il se faisait rendre compte par ses lieutenans de ce qui se passait dans son escadron, et se faisait montrer les hommes sur lesquels on lui donnait des renseignemens. Un dimanche, qu'il commençait à aller mieux, il fit porter des tapis sous un caroubier et alla s'y asseoir. Plusieurs spahis de son escadron vinrent lui rendre hommage; selon l'usage ils se présentaient pour lui baiser la main, et selon l'usage il la retirait, puis il les faisait asseoir près de lui, leur faisait servir le café, et parlant très bien leur langue il s'entretenait avec eux. Bientôt se présente un jeune Arabe, qui, fils de Caïd et fier de sa naissance, méprisait ses camarades, désobéissait à ses brigadiers et servait fort mal. Bouscaren au lieu de retirer sa main l'avance et la lui fait baiser. L'Arabe se redresse et le regarde d'un air furieux : Eloigne-toi, lui dit Bouscaren, éloigne-toi, va-t'en ! L'Arabe alla s'asseoir près d'un cabaret en face du capitaine qu'il dévorait des yeux en prenant le café qu'il s'était fait servir. Après quelque temps Bouscaren congédie ses spahis et remonte à sa chambre. Il y était à peine, qu'on lui annonce son Arabe, qui demande à lui parler ; il le fait entrer : « Capitaine, lui dit celui-ci, tu m'as insulté, tu m'as déshonoré ! lorsque des gens de rien, des marchands de poivre ou de fromage viennent te saluer, tu retires ta main, tu les fais asseoir à tes côtés, et moi, fils de Caïd, tu me la fais baiser et tu me renvoies, eh bien ! je ne veux plus servir sous toi, je vais déserter. — Déserte, lui répond Bouscaren, j'en serai enchanté ; et prenant une pile d'écus qu'il lui met sur la table, tiens, voilà cent francs pour t'en aller. Crois-tu que je tienne à te garder, toi, qui n'es bon à rien ? Loin de panser les chevaux de tes camarades absens, tu ne panses même pas le tien, jamais tu ne fais une corvée, jamais tu n'obéis à tes brigadiers, jamais tu ne nettoies tes effets ; vois comme tu es sale ! Que me fait à moi que tu sois fils de Caïd ! Je ne connais ni Turcs, ni Maures, ni Arabes, ni Français, ni Juifs, parmi ceux qui sont sous mes ordres, je ne connais que des fils de Dieu ; tous sont égaux devant moi, je ne distingue que les bons et les mauvais serviteurs. Qu'étais-tu lorsque tu es entré dans les spahis, un misérable couvert de vermine que tout le monde pouvait insulter. Avant nous tous les Turcs pouvaient te faire bâtonner par leurs Chaouces. A présent tu as un sabre au côté, tu as un habit que tout le monde respecte, car c'est celui d'un soldat de la France ; et tu n'es pas reconnaissant, tu ne comprends pas l'honneur qui t'est fait, tu ne sais pas te rendre utile et bien servir le pays qui te paie. Tu es à mes yeux moins estimable qu'un marchand de poivre qui sert bien ; prends ces cent francs et va-t'en, je me soucie peu d'un soldat comme toi. »

L'Arabe sortit sans prendre l'argent. Bouscaren, qui ne voulait pas donner un ennemi de plus à la France, ni laisser un mauvais exemple impuni, chargea un sous-officier de le surveiller et de lui casser la tête s'il tentait de déserter. Mais loin de là, il sut bientôt qu'il montrait le plus grand zèle pour le service, s'offrant toujours pour faire toutes les corvées. Le dimanche suivant, le capitaine Bouscaren voulut passer la revue de son escadron ; il savait que son homme était cette fois d'une tenue irréprochable. Au lieu de s'arrêter devant lui comme devant tous les autres, il passe sans le regarder. A peine le capitaine était rentré chez lui, que l'Arabe, qui avait pris cette conduite pour une marque de mépris, se présente peiné et embarrassé. « Que me veux-tu ? lui dit Bouscaren. — Capitaine, les lieutenans t'ont-ils parlé de moi ? — Pourquoi ?—Ils t'auraient dit, je pense, qu'ils sont contens de moi. — Je sais ce qui se passe, je sais que tu as changé de conduite, je suis satisfait, et pour te le prouver tu déjeuneras ce matin avec moi. — Moi, capitaine, s'écrie l'Arabe hors de lui, moi, déjeuner avec toi ! Et l'escadron le saura !—Oui tout le monde le saura.—Ah ! capitaine, capitaine ! répétait-il sans pouvoir se calmer. »

A partir de ce jour, non seulement il redoubla de zèle, mais il montra le plus grand dévouement pour le capitaine Bouscaren. Il fut fait brigadier et allait passer maréchal-des-logis, lorsque dans une affaire très chaude, voyant son capitaine se porter dans un endroit dangereux, il lança son cheval près de lui, en lui criant : Ne vas pas là, capitaine, ils te tueront ; et il cherchait à le couvrir de son corps lorsqu'il reçut une balle dans la tête.

Cette anecdote paraîtra peut-être longue ; mais elle peint le caractère arabe, elle montre bien tout ce qu'il y a de ressort dans ces âmes fières et sensibles et le parti que peuvent en tirer les hommes de cœur : elle m'a semblé le meilleur argument à donner en faveur de mes opinions. Je regrette de ne pouvoir citer également les traits qui prouvent la naïveté enfantine des nègres, la dignité des Turcs et le tact avec lequel les bons officiers savent dominer chacun d'eux et en tirer parti suivant son caractère.

Revenant à l'ordonnance je demanderai pourquoi vouloir deux officiers indigènes par escadron si l'on ne peut en trouver de bons? Pourquoi arrêter leur avancement au grade de lieutenant ? Pourquoi leur faire surtout l'injure de le leur dire ? Moustapha et Jousouf ne devraient donc être que lieutenans, car ils sont indigènes ! En réalité, on trouve très peu d'indigènes capables d'être faits officiers; en général, ils se contentent et même se montrent fiers d'être sous-officiers. J'ai vu un Arabe qui nous répétait avec orgueil son titre de maréchal-des-logis; cependant il était riche, car comme j'examinais sa selle, il me dit qu'il en avait une à Alger qui lui avait coûté cinq cents francs.

Assurer aux Arabes un certain nombre de grades est donc inutile et contraire au bien du service ; leur interdire les grades supérieurs est une injure gratuite puisque l'on a la planche aux ordonnances : c'est arrêter l'ardeur de ceux qui voudraient servir la France à l'exemple de Jousouf et de Moustapha.

Quant aux officiers français, trois ne suffiront pas pour des escadrons de deux cents hommes ; il y en a six en France pour commander en temps de paix des escadrons de cent trente hommes. Les prendre exclusivement dans la cavalerie, c'est se priver inutilement des hommes les plus capables ; si l'on eût toujours agi ainsi, Duvivier, Lamoricière, Bedeau, Marey,

Cavaignac, Bouscaren, d'Allonville et autres, seraient encore capitaines ou chefs de bataillon dans le génie, l'artillerie, l'état-major, et la France ne pourrait utiliser ces hommes d'élite qui font la force des armées. Il est bien d'exiger qu'ils sachent l'arabe; mais cette seconde condition fait encore plus regretter l'obligation où l'on est de les tirer de la cavalerie, car cette arme ne pouvant probablement pas alors en fournir un nombre suffisant on sera obligé de se contenter de ceux qui n'en savent que quelques mots et l'on dira que l'ordonnance est exécutée. Au reste il est bien difficile que nos officiers connaissent cette langue qu'on n'enseigne même dans aucune de nos écoles ?

Quiconque a vu notre armée d'Afrique a dû être surtout frappé des différences qui existent entre nos officiers. Le très grand nombre d'entre eux exclusivement militaire ne se préoccupe ni de la domination, ni de la conquête du pays, mais uniquement de la guerre et des troupes qu'ils ont sous leurs ordres, tandis que d'autres assez généralement sortis des armes spéciales, apprennent l'arabe, étudient les mœurs du pays et recherchent les moyens de le rattacher pour toujours à la France.

Je demanderai aussi pourquoi on soumet les officiers de spahis, corps hors ligne, à la loi de l'ancienneté, ce suaire de plomb sous lequel on étouffe toutes les ambitions généreuses. L'ancienneté peut convenir à une armée en temps de paix, car elle donne satisfaction aux médiocrités jalouses ; elle convient même à la masse de la nation, dans un pays où l'égoïsme est devenu tel que les places sont généralement considérées comme faites pour les hommes et non les hommes pour les places ; c'est encore une satisfaction donnée à ceux qui voudraient désarmer le pouvoir de toute puissance, même de celle qui lui est nécessaire pour faire le bien et par crainte du favoritisme, préfèrent repousser sans pitié le véritable mérite. Mais aux yeux des vrais amis du pays, de ceux qui savent tout ce que peut un bon officier, et combien l'armée française éprouve le besoin d'avoir confiance en ses chefs, l'avancement à l'ancienneté est déplorable. Ce qui le prouve c'est que la moitié des colonels des régimens envoyés en Afrique sont peu capables d'y rendre de bons services.

Je rends cette justice aux bureaucrates qui maintiennent et étendent cette règle, qu'ils le font parce qu'ils ont le sentiment de leur faiblesse : ils pensent que c'est un rempart nécessaire derrière lequel ils se retranchent contre les sollicitations sans fin qui les assiègent. Mais vienne un ministre qui ferme ses bureaux aux solliciteurs, qui fasse noter comme intrigant tout officier pour lequel sollicitent des personnes qui n'ont pu être à même de juger de son mérite ; alors le privilége de l'ancienneté sera inutile et l'on n'en sentira plus que les vices.

Toutefois je ne viens pas maintenant demander le rappel de la loi, mais qu'on ne l'étende pas à des corps nouveaux formés dans un pays encore soumis au régime de l'ordonnance ; à des corps sans cesse militans où le mérite et la médiocrité se montrant aux yeux de tous, rendent les injustices difficiles à commettre.

Je crains encore que peu d'officiers veuillent entrer dans ces escadrons, si la solde est la même que dans les régimens de cavalerie qui tiennent garnison en France et si l'avancement roule avec les officiers de ces corps. Le temps de service devrait au moins y compter double, non seulement pour la retraite à laquelle les bons officiers ne pensent guère ; mais pour l'avancement, et certes ce ne serait que justice.

Une autre faute commise par l'ordonnance du 7 décembre, c'est la disposition qui enlève aux officiers le costume indigène. La masse des officiers de l'armée n'a vu, nous le savons, qu'un déguisement puéril dans ce moyen propre à effacer les distinctions de race et de religion : mais l'administration devait en comprendre toute l'importance. On a sans doute voulu imiter ce qui a lieu dans le corps des zouaves ; là, les neuf dixièmes des soldats sont Français et le peu d'indigènes que l'on y compte, sont des hommes sans consistance comme tout fantassin chez les Arabes ; il était donc assez indifférent que les officiers tous Français prissent ou non le costume indigène. Mais il n'en est pas de même des corps de spahis, qui seront souvent composés de cavaliers qui forment l'aristocratie du pays. Il est de la plus haute importance de confondre autant que possible les Français et les indigènes, et la disposition qui donne des costumes différens aux officiers d'un même corps est des plus absurdes. Nous savons au reste que si quelques officiers français répugnent, à prendre le costume indigène, c'est uniquement pour ne pas déplaire à leurs camarades.

L'organisation des spahis doit avoir pour but non seulement la force et la domination ; mais encore la civilisation et *l'amalgamation*. C'est par eux que notre administration pourra agir le plus directement sur l'esprit des Arabes et les franciser peu à peu. Les officiers de ces corps sont les hommes par lesquels il faut gouverner le pays.

Il serait bon que les troupes françaises fussent tenues autant que possible en réserve sur le territoire colonisé ; mais chacun des officiers commandant les départemens doit avoir dans la ville formant chef-lieu, un corps indigène, composé de plusieurs escadrons de spahis et d'un ou plusieurs bataillons d'infanterie. Toutes les relations avec les tribus auraient lieu par l'intermédiaire des officiers de ces troupes. Les chefs de ces corps pourraient très bien cumuler les fonctions de chefs de départemens ; car ce sont eux qui auraient le plus de rapports avec les indigènes, qui apprendraient à les connaître et qui sauraient le mieux ce qui se passerait par les Arabes placés sous leurs ordres.

On dit souvent que la conquête de l'Algérie doit un jour contribuer à la puissance de la France. Ce serait l'inverse si nous devions toujours la garder sans en tirer de contingent en temps de guerre. Les mœurs des Arabes diffèrent trop des nôtres pour que nous puissions dès à présent y suivre le système éminemment national, par lequel nous mélangeons constamment les contingens de tous nos départemens.

Il faut pendant long-temps encore leur appliquer celui de l'Autriche, où chaque province fournit les régimens de l'arme à laquelle ses habitans sont les plus propres. Le contingent fourni par l'Algérie, ce doit être ces corps de spahis que l'on pourrait porter à dix mille hommes. Si la France avait la guerre en Europe, on en augmenterait le nombre et on les transporterait sur le continent où ils nous fourniraient une excellente cavalerie légère.

Une considération puissante pour soustraire ces corps au nivellement de la loi et de l'ordonnance, c'est que leur composition doit nécessairement varier suivant les localités et les circonstances. A Alger, ils étaient composés d'un mélange de Français, de Coulonglis, de Turcs, de Nègres, de Mulâtres et d'Arabes ; à Oran, ce sont des Français et des cavaliers des Douairs et des Smélas ; à Bone, ce sont les plus riches Arabes de deux tribus, chacun d'eux possède quatre à cinq chevaux et de nombreux serviteurs. Il faut donc choisir de bons officiers et leur laisser une grande latitude pour le recrutement.

Un des meilleurs moyens d'opérer ce recrutement serait d'obliger chaque tribu soumise à fournir un certain nombre de cavaliers suivant sa force : ce serait une sorte de conscription, et ces hommes serviraient d'otages pour répondre de la fidélité de leurs tribus. Il faudrait peu à peu les habituer à changer de province, à mesure que la composition des corps le permettrait. On pourrait peut-être essayer aussi, d'une formation assez conforme aux mœurs arabes, ce serait d'avoir des escadrons composés d'Arabes riches qui comme nos anciens hommes d'armes, seraient suivis d'un ou deux serviteurs combattans.

L'ordonnance ne reconnaît qu'un seul colonel pour tous les spahis de la régenee. Il en faut un pour chaque régiment. On prodigue les grades d'officiers supérieurs pour les régimens qui ne font rien en France, et l'on en est avare là où les officiers montrent le plus de dévouement.

L'effectif de deux cents hommes par escadron est trop fort pour être administré par un capitaine et un maréchal-des-logis-chef. Il ne devrait être en paix que de cent à cent vingt. Ces corps doivent être inspectés par des officiers généraux comme les corps français.

Les reproches adressés à l'ordonnance du 7 décembre, s'appliquent également à celle qui concerne les bataillons d'infanterie indigène. Les officiers et les sous-officiers doivent être choisis parmi les plus capables sans distinction de nation ni d'arme. Le costume doit être le même pour tous, Français et indigènes. Tout l'avancement doit y être donné au choix. Le temps de service des Français doit y compter double. Les compagnies doivent être moins nombreuses, les bataillons formés de quatre compagnies. Il devrait y avoir, non pas un bataillon seulement par province, mais dans chaque localité de petits bataillons attachés aux spahis. Ils formeraient un seul et même corps avec eux, auraient le même chef, les mêmes comptables, et ils manœuvreraient et opéreraient ensemble. Les officiers pourraient passer de l'infanterie dans la cavalerie, ou du moins le colonel serait pris indifféremment dans les deux armes. C'est un grand vice dans l'armée française que cette séparation des armes que l'on maintient jusque dans les divisions. Un lieutenant-général qui n'a jamais commandé que de l'infanterie ne peut connaître les besoins de la cavalerie ; s'il en était autrement, le général Bugeaud, l'un de nos meilleurs hommes de guerre, eût-il commis la faute impardonnable de promener pendant trois semaines ses cavaliers transformés en muletiers. Il eût su que nos chasseurs ne sont pas assez bons cavaliers pour leur faire perdre l'habitude du cheval, que c'est toujours par le dos des chevaux que périt la cavalerie, et il n'eût pas attendu la dernière campagne, pour reconnaître tout le service qu'elle peut rendre en Afrique.

En résumé, il faut s'occuper de former une légion indigène, cavalerie et infanterie, dans chaque ville qui doit devenir un centre de domination. Il faut y procéder, non par ordonnance de ministre, mais suivant les circonstances, avec un soin infini et graduellement, en formant d'abord un escadron et une compagnie, puis en les augmentant successivement à mesure que l'on trouverait des officiers capables et des Arabes de bonne volonté. Pour avoir des officiers qui connaissent la langue, les mœurs et les usages des Arabes, il faut recevoir dans ces corps des soldats, des caporaux et des sous-officiers français ; il faut surtout établir l'enseignement de la langue arabe dans toutes nos écoles militaires et la pousser aussi loin que possible.

Je ne puis terminer ce chapitre sans parler des moyens que l'on emploie pour maintenir notre autorité sur les tribus. Je ne viens pas ici faire de la sensiblerie et récriminer contre les razias. Les mesures coërcitives les plus rigoureuses sont impérieusement commandées par le fait de la conquête. Les razias sont dans les habitudes des Arabes, parce qu'elles sont dans leur pays le seul moyen d'atteindre l'ennemi. Leurs guerres de tirailleurs ne sont que d'amusantes *fantasias* : aussi, est-ce seulement en menaçant et en désolant les familles et les propriétés des Hachem et autres tribus de l'ouest, dévouées à Abd-el-Kader, que le général Bugeaud a forcé les guerriers de ces tribus à évacuer la province d'Alger. Mais si les razias sont une nécessité, il ne faut pas oublier qu'à la guerre la peur produit plus d'effet encore que le mal, que l'effet moral est plus puissant que l'effet physique. Cela a été constaté depuis long-temps par tous les bons officiers dans nos rudes guerres européennes ; ils savent que l'on aurait fort à faire s'il fallait tuer tous ses ennemis et que l'on doit surtout s'attacher à les intimider, à les démoraliser, à les forcer à fuir ou à se rendre. Si ces moyens sont efficaces sur des soldats bien disciplinés et bien commandés, n'auront-ils pas plus d'empire encore sur des hommes qui ont tout à craindre pour leurs familles. Il est un fait que l'on semble avoir ignoré, c'est que beaucoup de tribus ou du moins une forte partie de la population qui les compose, désirait la paix et ne se maintenait en état de guerre que par la crainte que leur inspirait Abd-el-Kader, plus impitoyable peut-être que nous, et dont les troupes étaient bien plus propres que les nôtres à exécuter des razias. Que pouvaient donc ces malheureux entre deux dangers aussi pressans ? N'était-il pas tout naturel qu'ils s'alliassent de préférence à leurs concitoyens. La politique autant que l'humanité nous prescrivaient de ne punir que les tribus réellement hostiles, de tâcher de faire avec les autres des traités tacites pour rendre la guerre moins cruelle, jusqu'au moment où nous pourrions occuper des positions telles que nous puissions protéger les tribus qui se soumettraient et écraser celles qui voudraient résister. C'est ce que l'on peut et doit encore faire maintenant. Mais pour cela il faut s'avancer systématiquement de position en position, en ne passant à une nouvelle qu'après avoir bien assuré les premières ; et en ne s'occupant des tribus à soumettre qu'après avoir bien consolidé notre autorité sur les tribus soumises. Cette manière de procéder serait moins onéreuse et moins barbare que les promenades militaires et les razias faites de tous côtés sans plan et sans système.

Le besoin de se distinguer, de faire parler de soi, qui existe chez un grand nombre d'officiers s'oppose malheureusement à cette guerre méthodique. Ce sentiment si louable et qui produit de si grands résultats, fait descendre les hommes les plus généreux aux pensées et aux désirs les plus blâmables.

Qu'on juge par ce désir effréné de gloire qui fait que des hommes, d'ailleurs honorables, y sacrifient la vie de leurs propres soldats, s'ils ménageront davantage les Arabes. Le gouverneur-général ne saurait donc trop s'appliquer à retenir ses subordonnés.

Ce besoin exagéré de distinction a un autre effet non moins fâcheux, c'est d'exciter une déplorable rivalité, une honteuse jalousie entre les chefs les plus distingués. Toute l'armée en gémit, et souffre des coteries qui se forment autour de ces ambitions rivales. Ces hommes devraient penser que la France a de l'admiration pour toutes les belles actions, de la reconnaissance pour tous les services rendus à la patrie, et se rappeler qu'une affection sincère entre camarades comme une sollicitude paternelle envers les subordonnés sont les premières qualités de l'homme de guerre.

En général il existe trop d'acharnement contre les Arabes. Nos soldats sont généralement bons, mais trop irascibles; ils ne se possèdent plus dans l'action. Je n'exige pas qu'ils combattent avec le sang-froid d'un philosophe ou la magnanimité d'un chevalier, mais cette *furia* française qui est belle dans le danger, s'est exercée souvent sans combat contre des hommes désarmés, et même, assure-t-on, contre des femmes et des enfans. N'est-il pas honteux que ce soient maintenant les soldats d'Abd-el-Kader qui fassent des prisonniers lorsque les Français refusent d'en faire et massacrent sans pitié tous les vaincus!

Pendant mon séjour à Alger, dans le mois d'octobre 1841, le général Changarnier, en revenant de

Medehah, sut par un habile retour offensif acculer une troupe d'Arabes contre une montagne inaccessible. Un assez grand nombre d'entre eux fut tué, mais l'on ne ramena pas un seul prisonnier. Il y a plus : un sous-officier plongea son sabre dans le dos d'un chef arabe que l'un de ses hommes avait désarmé et qu'il amenait prisonnier le tenant par son burnous. Quel exemple pour nos soldats !

Je conviens d'ailleurs qu'il n'est pas aussi facile qu'on l'a dit quelquefois de modérer le soldat dans l'action. La fureur et une sorte d'ivresse sanguinaire, sont chez beaucoup d'hommes la seule base du courage. Il est trop souvent nécessaire malheureusement de les laisser s'y livrer. La terreur qu'inspiraient les Arabes à nos soldats en coupant la tête aux morts et aux blessés, n'a pu être combattue qu'en permettant à ceux-ci d'user de représailles. Aussi le général Bugeaud a-t-il bien fait en rentrant à Oran après l'affaire de la Sickac, de permettre à nos alliés arabes de porter les têtes des ennemis sur la pointe de leurs yatagans. Mais ce jour-là, nos soldats s'honoraient à leur manière en conduisant au milieu d'eux cent quatre-vingts prisonniers. Je ne puis donc qu'appeler sur ce sujet l'attention des officiers qui font la guerre en Algérie. Je suis tout prêt à leur concéder tout ce qu'exige la loi du salut. Mais là est la limite où l'on doit s'arrêter.

Une autre cause qui contribue à ces cruautés et qui a souvent des effets plus fâcheux encore quoique moins saillans, c'est une sorte d'aversion qui existe dans notre armée contre les indigènes. Elle a gagné tous les rangs, même le maréchal Vallé, qui a commis dans ce pays tant de fautes funestes à la France : à la reprise des hostilités il a abandonné tous les Arabes de la plaine qui nous montraient tant de fidélité et d'attachement. Qu'on y songe bien, un gouvernement n'est grand que par la protection qu'il accorde au faible. Un jour en Egypte, Napoléon siégeant dans le Divan, insistait pour qu'on lui fît connaître et qu'on lui livrât les gens qui avaient massacré un malheureux felhas. « Cet homme était-il ton frère ou ton cousin, que tu prennes tant d'intérêt à sa mort, lui dit un de ces Osmanlis. — Tous ceux qui sont sous mes ordres sont mes enfans, répondit Napoléon. — Tu as parlé comme le Prophète, » s'écrièrent-ils tous, en s'inclinant devant lui. Ce trait est bien connu, mais on ne saurait trop le répéter et le donner pour exemple.

Le gouverneur-général et les officiers de tous grades doivent s'appliquer à inculquer ce principe dans notre armée ; ils doivent y travailler par leurs exemples et par leurs préceptes. Je m'opposerais de toute mes forces à l'occupation de l'Algérie si elle devait avoir pour résultat l'anéantissement des Arabes. Je les considère dès aujourd'hui comme des sujets, des enfans de la France, et je désire vivement que notre armée les traite en frères.

Les Turcs n'étaient pas bienveillans pour les indigènes sans doute, mais leur esprit de justice, leur froideur, leur dignité, faisaient que ce sentiment ne se

traduisait que par une imposante fierté. L'activité re-
muante des soldats français, leur expension, empêche
toute réserve de leur part et fait que leur malveil-
lance se manifeste par des traitemens grossiers ou par
de petites vexations plus insupportables encore. Ces
défauts que je reproche aux Français, sont poussés
moins loin chez nous, il est vrai, que chez tous les
les autres peuples de l'Europe; mais il faut tâcher de
prendre aux Arabes leur politesse qui ressemble toujours à de la bienveillance. Notre établissement dans
le pays ne pourra être définitif que lorsque la nation
française aura su comme son gouvernement s'attirer
le respect et l'affection des habitans.

DE L'ARMÉE FRANÇAISE EN ALGÉRIE.

Les corps indigènes devront un jour remplacer les troupes françaises et l'institution barbare des
Arabes auxiliaires ou Megzem. Mais ce jour n'est pas
venu. Il est donc nécessaire de voir ce que l'on pourrait faire pour que l'armée d'Afrique consommât moins
d'hommes et d'argent. Le moyen a été indiqué depuis long-temps ; il consisterait à avoir une armée

spéciale pour l'Algérie. Le général Duvivier propose de former des corps nouveaux des bataillons attachés chacun à des régimens français dans lesquels ils se recruteraient. Ce que je demande y ressemble beaucoup, est plus simple, donne plus de force à nos régimens, ne nécessite aucun accroissement dans notre effectif, et permet d'augmenter ou de diminuer l'armée d'Afrique sans désorganiser les corps. C'est tout uniment de désigner, comme devant former l'armée d'Afrique, un certain nombre de régimens, qui auraient leurs dépôts dans le midi de la France et une plus ou moins forte partie de leur effectif en Algérie. J'en suppose par exemple quarante. Ceux qui sont actuellement en Afrique et ceux qui en sont revenus les derniers, seraient choisis de préférence. On pourrait former ces régimens de quatre bataillons de six compagnies chacun, quatre du centre et deux d'élite (1). Les huit compagnies d'élite formant deux petits bataillons seraient toujours en Afrique ; leur effectif pourrait être porté jusqu'à cent vingt-cinq hommes, soit mille par régiment : si ces quarante mille hommes d'élite ne suffisaient pas pour remplacer les soixante à soixante-dix mille hommes environ de nos

(1) La nécessité de former l'infanterie sur deux rangs, nécessité qui augmente en raison des perfectionnemens apportés chaque jour dans les armes de jet, a pour conséquence la diminution de l'effectif des bataillons. Mais comme la force des compagnies, qui est en raison du nombre d'hommes qu'un capitaine et un sergent-major peuvent administrer, ne doit pas changer pour cela, c'est le nombre des compagnies du bataillon qu'il

régimens de ligne, ce que j'ai peine à croire, tous ou certains de ces régimens pourraient avoir en outre un bataillon du centre composé d'une compagnie de chacun des quatre bataillons. Si cela ne suffisait pas encore, on aurait deux bataillons du centre.

Ces régimens seraient composés des hommes des autres régimens qui demanderaient à y passer, d'enrôlés volontaires, des contingens des départemens du midi et de ceux des colonies où la conscription devrait depuis long-temps être établie. Il n'est pas douteux que des corps ainsi composés permettraient de diminuer l'effectif d'un grand tiers et que les hôpitaux, si coûteux, auraient deux tiers moins de malades. Ce serait donc une économie considérable que l'on effectuerait immédiatement. On donnerait à ces corps le costume le plus approprié au climat, celui des zouaves sans doute, qui s'en trouvent si bien qu'ils ont refusé la couverture en campagne.

Quelles objections opposera-t-on à cette permanence des corps ? qu'il est juste que chaque régiment aille en Afrique à son tour. En fait de service militaire, ce qui est juste c'est le bien du pays, voilà la seule et véritable règle.

faut diminuer. Je propose donc que les quatre compagnies de grenadiers forment un bataillon de réserve et que les voltigeurs manœuvrent toujours hors rangs pour couvrir ou pour soutenir leurs bataillons. Ce n'est pas ici le lieu de démontrer les avantages de cette formation carrée qui est d'ailleurs conforme à ce que Napoléon indique dans ses mémoires.

Qu'il est nécessaire que tous régimens puissent s'aguerrir successivement. Voyons si l'on peut atteindre ce but. En supposant qu'il y ait vingt-cinq régimens en Afrique, ce qui sera considérable lorsque Abd-el-Kader sera abattu, qu'ils n'y restent que cinq ans, ce qui est peu, ils seront quinze ans sans y aller. L'on sait avec quelle rapidité les vieux soldats sont remplacés par les recrues : après six ans il n'en resterait pas vingt ayant fait campagne. Quant aux officiers ils perdent dans les garnisons l'habitude d'activité que leur avait donnée la guerre. Il faut bien observer qu'il s'agit, non pas d'aguerrir nos officiers, ce n'est pas le courage qui leur manque, mais de leur apprendre leur métier. Mais les habitudes se perdent et l'instruction acquise en Algérie servirait peu en Europe. Il faut d'ailleurs espérer que les coups de fusil deviendront bientôt plus rares en Afrique. Ce qu'il est essentiel de perpétuer dans les corps ce sont les habitudes hygiéniques. Si pourtant l'on veut considérer ce service comme une école de guerre, le système que je propose me semble de beaucoup préférable.

Huit compagnies resteraient en Algérie, les seize autres au dépôt. L'avancement étant donné exclusivement aux officiers de ces compagnies d'élite, ils rentreraient en France en passant avec un grade supérieur dans les compagnies du centre. De cette manière tous les officiers et, s'il était possible, les sous-officiers et caporaux auraient été aux bataillons de guerre. On aurait quarante régimens dont les cadres seraient aguerris, c'est tout ce qu'il faut pour des soldats français. Si un officier ne pouvait supporter le climat de l'Algérie, il permuterait avec un de ceux des autres régimens.

Ces compagnies pourraient, comme je l'ai dit, être portées à cent vingt-cinq hommes ; on leur donnerait alors un second sous-lieutenant tiré des compagnies du centre, un second fourrier et six sergens, d'autant plus que comme l'observe Napoléon, la formation sur deux rangs, exige un plus grand nombre de serre-files. Rien n'empêcherait, si on le jugeait nécessaire, de réduire par la suite l'effectif de ces compagnies.

Une formation analogue peut être appliquée aux chasseurs d'Afrique, en attachant chacun des escadrons de cette arme à l'un de nos régimens de cavalerie. L'artillerie et le génie sont à peu près sur ce pied : ils ont à l'armée d'Afrique des batteries et des compagnies qui devraient y être en permanence.

DE LA COLONISATION.

Notre but principal en Algérie c'est de coloniser, c'est d'avoir des terres fertiles pour y établir l'excédant de notre population. Telle est la question qu'il faut enfin aborder.

A mon sens la colonisation comme toute autre organisation du travail ne peut avoir lieu que de deux manières : le travail libre avec toutes ses chances de fortune et de misère ; le travail forcé avec ses résultats certains et médiocres, son abrutissement, sa lenteur. Vainement on parle d'une organisation du travail qui saurait allier la liberté et la sécurité. C'est un problème évidemment insoluble comme la quadrature du cercle ou le mouvement perpétuel. Cette recherche dont on berce la classe ouvrière, a fait et fera encore bien des victimes et troublera longtemps la société ; mais nous mettons au défi tous les philantropes qui en parlent de proposer un plan, un système exécutable.

Si le travail organisé administrativement est impossible en France, là où nous avons déjà des élémens assurés de production et des débouchés, là où il semble qu'il y aurait si peu à faire, comment peut-on se flatter de former des colonies administratives si tout sans exception est à créer : population, maison, culture, famille, mœurs, législation.

Les gouvernemens anglais ou américain administraient-ils et dirigeaient-ils ces hardis pionniers qui se sont avancés à pas de géans à travers les forêts-vierges et les plaines immenses du nouveau monde ! Les appelaient-ils d'Europe ? Leur construisaient-ils des maisons ? Leur donnaient-ils des instrumens, des bestiaux, des semences ? Leur imposaient-ils leurs ordres ? Prenaient-ils la responsabilité d'un conseil ?

Non, ils leur vendaient la terre sans même la percer de route. Ils leur donnaient la plus grande liberté possible, celle du *laisser faire et du laisser passer*, la seule que réclame l'Américain.

Laissons donc en Algérie les travailleurs s'entendre avec les capitalistes, laissons les ouvriers arriver librement appelés par les besoins de la colonie, prenons garde de ne pas nous charger d'une responsabilité ruineuse pour la France si elle veut tenir la parole de ses administrateurs.

Sans doute c'est une belle chose que de créer, que de se dire : ces hommes me devront leur bien-être, cette contrée, sa prospérité ; ce marais, je vais le changer en une plaine fertile, le couvrir de laboureurs. Mais on doit se méfier de ces séductions du pouvoir, on doit en préserver notre budget déjà si obéré.

Que de difficultés à vaincre, que de dépenses à faire pour couvrir la Métidja des cinquante villages que l'on veut y fonder ? Il faut d'abord acheter des terres, car le domaine en possède peu dans la plaine où elles sont morcelées et coupées par celles des particuliers. Il existait lors de mon séjour à Alger, un projet qui consistait à exproprier les acquéreurs de terres en leur remboursant le prix de leur acquisition. Ce projet serait injuste pour ceux qui ont eu l'esprit ou le bonheur de faire de bonnes affaires ; il serait onéreux pour le trésor, car la plupart des terres ne valent pas ce qu'elles ont coûté et moins encore le prix que les propriétaires sauraient faire admettre par une commission. Cette expropriation serait en outre la source d'interminables procès et avec le domaine et entre les nombreux ayant droit. Il faut compter par millions les frais qu'elle entraînerait.

Lorsque l'on aura le terrain il faudra choisir l'emplacement des villages, de telle sorte qu'il y ait de l'eau et qu'il ne soit pas fiévreux. Problème insoluble suivant le général Duvivier et nombre de personnes. Mais tel filet d'eau pourra suffire à une ou deux habitations et non pas à un village; et pourtant, d'après le plan proposé, ce sont des villages qu'il faut, des villages défensifs, ronds ou carrés, les maisons devront être agglomérées et ne pourront s'étendre le long d'un ruisseau. Tant que la défense sera insuffisante sur le fossé, que l'obstacle n'en sera pas un pour les Arabes, on sera obligé de sacrifier les convenances les plus impérieuses de l'agriculture à celles de la défense. Quelle dépense énorme pour faire des rues, des places, des routes. Qui paiera tout cela? Le trésor, c'est-à-dire la France.

Ces dépenses faites, on appellera et on installera les colons. Mais il faut qu'ils défrichent, qu'ils labourent, qu'ils sèment, qu'ils attendent la récolte. Il faut vivre pendant ce temps. Il faut des animaux, des instrumens, des semences. On prétend que nombre de familles ayant 4,000 fr. demandent des concessions. Je doute qu'il y ait beaucoup de Français parmi elles, et ce n'est pas pour des étrangers, des Espagnols, des Italiens, des Maltais, des Suisses ou des Allemands, que la France doit s'imposer de si lourds sacrifices.

Pendant long-temps l'Europe était peu peuplée et les souverains se préoccupant moins du bonheur de leurs sujets que de leur propre puissance cherchaient surtout à augmenter la population en attirant les étrangers. Aujourd'hui c'est l'inverse, le bonheur est le but, la puissance n'est que le moyen, l'excès de la population fait la misère de la classe ouvrière, et la France ne veut faire de sacrifice que pour ses nationaux. Si donc on veut avoir des Français, très peu émigrans de leur nature, il faudra en accepter de pauvres et leur fournir les quatre mille francs reconnus nécessaires. Cinquante villages de trois cents feux ainsi qu'on les demande, font déjà soixante millions pour la première année. Je ne parle pas des frais de voyage en France et de traversée que l'on donne gratuitement.

Mais ces quatre mille francs seront insuffisans. Un Mahonnais, et ce sont les meilleurs cultivateurs de l'Algérie, qui possède sept à huit mille francs, ne les emploie pas à acheter une propriété quoique le prix en soit peu élévé ; il sait que cette somme lui est nécessaire pour son entreprise agricole. Les Français seront moins sobres, moins aptes au travail et plus souvent malades. Ils ne connaîtront ni la culture propre au pays, ni la manière de soigner les bestiaux, comme le Mahonnais qui, avant d'affermer une terre, a travaillé plusieurs années comme ouvrier. Il faudra donc trois fois plus de fonds à un cultivateur novice : et si ce colon fait une longue maladie, s'il meurt, toute sa famille tombera à la charge de l'administration ; s'il est ivrogne ou paresseux, ce qui arrivera pour un grand nombre, il vendra les bestiaux, les outils qu'on lui aura donnés, il vendra jusqu'aux matériaux de la maison.

Il y aura donc nécessité d'établir dans ces villages des chefs qui surveillent et dirigent ces colons. Ces chefs devront avoir une police, une prison, des gendarmes. Cette direction entraîne de la part de l'état une responsabilité entière. Cette surveillance sera une entrave. Pour nous donc, amis de la liberté, qui comprenons que toutes les demandes adressées au gouvernement en emportent une partie, nous voulons réduire l'action du pouvoir à la plus simple expression, et être gouvernés le moins possible. Nous ne lui demandons qu'une chose, la sécurité, seul et véritable but des associations politiques. En Algérie comme en France, il aura rempli sa mission lorsqu'il aura donné la sécurité, et certes la tâche n'est pas facile, puisqu'il faut préserver les citoyens des attaques du dedans et du dehors. L'industrie et l'agriculture, ne prospèrent que par l'association bienfaisante de la main-d'œuvre et des capitaux. Il y aura économie considérable pour la France et progrès plus rapides quand la sécurité une fois assurée permettra à la colonisation de s'étendre.

Je ne m'oppose pas au reste à ce que quelques tentatives soient renouvelés; mais bien convaincu quelles ne réussiront pas mieux que celles déjà tentées à Birkadem, Douara, Bouffarik, certain qu'après deux ans il ne restera pas un quart des colons, je demande qu'elles soient faites avec économie, avec prudence et seulement comme essais.

Il n'est pas possible, dira-t-on, de n'établir que deux ou trois villages dans la plaine, c'est leur nombre seul qui fera leur force. C'est là un des argumens les plus puissans contre cette entreprise gigantesque. Si l'on ne peut réunir de colons que pour peu de villages, si les trois-quarts meurent de maladie, de misère, ou perdent patience et quittent les villages, ce qui est très probable, le reste, ne pouvant plus suffire à leur garde devra donc, les quitter aussi et le grand projet sera manqué.

Que ne commence-t-on par peupler le massif d'Alger, du moins dans sa partie fertile ? Ce territoire est plus sain, il est à moitié circonscrit par la mer, il fallait achever de l'enceindre par un fossé et des blockaus ainsi que le propose le général Duvivier. Je sais qu'en établissant la colonisation dans la plaine, on espère surtout avoir de grandes cultures, qui assurent les approvisionnemens en céréales. Mais dès que la paix sera obtenue, les Arabes apporteront sur le marché des grains à un prix qui probablement ne permettra pas la concurrence aux colons, alors forcés de s'adonner à des cultures plus intelligentes.

Au reste, si l'on veut faciliter l'établissement des colons dans la plaine, sur les terrains possédés par les capitalistes, il y a pour y parvenir deux moyens plus économiques et plus justes que l'expropriation projetée. L'un serait d'adopter la loi des États-Unis, d'après laquelle un pionnier qui va s'établir sur un terrain pour le défricher, acquiert le droit de le conserver pendant un certain nombre d'années moyennant une redevance fixée par la loi.

L'autre consisterait à établir en Algérie la contribution foncière, ce qui serait justice pour les contribuables français qui supportent seuls tous les frais de cette colonie. Et comme grand nombre des propriétés n'ont de valeur qu'en raison des espérances des propriétaires, comme il y a intérêt à faciliter leur passage dans des mains plus capables de les faire valoir ; comme la répartition de l'impôt est une opération excessivement longue et coûteuse, qu'elle est suivie de réclamations sans fin, je propose d'ordonner que chaque propriétaire soit tenu de venir déclarer la valeur qu'il entend attacher à sa propriété et de payer, à titre de contribution annuelle un ou deux pour cent de sa valeur ; bien prévenu qu'il sera que tout le monde peut exercer à son égard le droit de préemption et prendre sa propriété en lui payant le prix qu'il a entendu y attacher. L'expropriation se ferait dès lors facilement et à bon marché au profit du domaine s'il en avait besoin; elle se ferait également au profit des hommes laborieux et intelligens pour la plus grande prospérité du pays. Ainsi tomberaient les plaintes exagérées que l'on porte contre les propriétaires, qui sont accusés d'empêcher la colonisation par leurs accaparemens.

Un mode aussi juste de répartir l'impôt ne pourrait guère être proposé en Europe, encore sous l'empire des préjugés féodaux, qui considèrent une mutation de propriété comme une calamité. Il peut l'être dans une colonie nouvelle où doivent prédominer les vrais principes d'économie politique qui disent assez que le passage d'un instrument de travail d'une main inhabile dans une main plus capable est au contraire un bien.

On comprend que je n'émets ici que le principe d'un système qui aurait besoin d'être mûrement élaboré et discuté, quant aux moyens d'exécution. Si enfin l'administration veut seulement tenter cette colonisation, elle doit autant que possible y intéresser et faire intervenir les propriétaires ; plusieurs d'entre eux ont déjà fait des offres à cet égard. Mais ce ne sera qu'un moyen d'atténuer le mal.

On ne peut parler de colonisation en Algérie sans mettre en regard deux systèmes, dont l'un a été généralement adopté sans examen. Faut-il former des villages fortifiés, ou fortifier une enceinte ? Faut-il procéder du centre à la circonférence, ou s'établir sur la circonférence de manière à protéger le centre ?

Si les colons arrivaient individuellement sans accord entre eux, je comprendrais cette agglomération procédant du centre à la circonférence, elle préserverait la famille, la ferme, les bestiaux et les récoltes rentrées, mais les nouveaux colons, les bestiaux qui pâturent, les récoltes dans les champs et tous les individus qui seraient obligés de s'éloigner du village resteraient fort exposés.

Si au contraire l'autorité se mêle le moins du monde de la colonisation, elle doit calculer ses ressources, mesurer en conséquence une première enceinte et s'attacher à la bien fortifier et la bien défendre, afin que la sécurité soit entière. Au lieu de cela, on a adopté un système mal élaboré et incomplet que l'on est réduit à rendre mixte. On ne s'est pas assez préoccupé du tracé de l'enceinte dans l'intérêt de la salubrité qui était le premier point à considérer, ni de la fertilité des terrains enclos qui était le second. On ne s'est pas bien demandé comment on garderait cette enceinte. Divers moyens ont été proposés à cet effet : on voulait des blockaus en bois, espacés de cinq cents mètres, gardés par six soldats. Ces malheureux trop effrayés dans les premiers temps, trop confians ensuite , seraient morts de nostalgie ou eussent été surpris et les blockaus brûlés par les Arabes. Ce système en prenant pour la garde de l'enceinte la partie la plus valide, la plus disponible de notre armée, puisqu'il fallait relever souvent les postes, était vraiment impraticable. Puis on s'est aperçu un peu tard qu'une partie de l'enceinte traversait une contrée tellement malsaine qu'il était impossible d'y établir des postes. Alors on a voulu les remplacer par des patrouilles de cavalerie indigène, ce qui n'offrirait qu'une sécurité fort incomplète.

On se sera également aperçu qu'avoir des postes de six hommes serait une chose impraticable, car on a voulu mettre à la place des postes de colons. Voilà une seconde armée à côté de la première : armée qu'il faudra organiser, instruire, discipliner, commander, nourrir, payer et soigner dans ses maladies ; armée composée d'hommes mariés, de pères de famille et dont les besoins seront dès lors quintuples. Ce n'est d'ailleurs pas lorsque tout sera à créer, qu'ils auront du loisir pour aller monter des gardes.

Il faut donc tâcher que l'enceinte donne toute la sécurité possible, puis laisser les propriétaires et les colons s'arranger dans l'intérieur sans que le trésor fasse aucun frais, sans que la France prenne aucune responsabilité. Il faut aider cette colonisation par des moyens législatifs, mais non administratifs.

Pour coloniser administrativement, le gouvernement a dans les mains un admirable instrument, c'est l'armée, il ne s'agit que de vouloir, et savoir le mettre en œuvre.

DES COLONIES MILITAIRES.

Notre but en Algérie doit être, selon moi, de doter des Français. Je voudrais faire jouir d'abord nos soldats du bien-être individuel qui résultera de notre conquête, nos soldats d'Afrique surtout, dont on n'admire pas assez le courage. Je résume donc mon système par ces mots : *coloniser par l'armée et pour l'armée.*

Que faut-il pour cela ? D'abord la division de l'armée pour faciliter la culture et garder les limites du territoire ; puis la permanence des corps non seulement en Afrique ; mais dans les mêmes localités.

Supposons, par exemple, une enceinte composée de blockaus espacés de 500 mètres, joints par un fossé, un escarpement, une haie ou un mur. Supposons que ces blockaus soient convenablement placés dans des contrées salubres et suffisamment fertiles ; que chaque compagnie d'élite portée à cent vingt-cinq hommes ayant un capitaine, un lieutenant, deux sous-lieutenans, forme la garde de trois blockaus : chaque blockaus aura un officier, deux sous-officiers et quarante soldats. Le capitaine surveillera les trois postes. Les huit compagnies d'élite du même régiment étant placées sur la même ligne, elles occuperont douze kilomètres. Les officiers supérieurs placés au centre surveilleront facilement le régiment.

Dès que chaque peloton sera établi sur le terrain qu'il doit occuper, et bien assuré de sa permanence dans ce poste, les hommes seront employés à construire autour d'une cour un mur crenelé bordé d'un fossé. On élevera en même temps un bon bâtiment en pierre ou en briques, bien défensif, bien salubre et suffisamment vaste pour servir de ferme. Tous les logemens seront au premier étage, le rez-de-chaussée étant réservé pour les magasins et écuries. Pour faire ces constructions, on aiderait les pelotons en leur fournissant des ouvriers et des matériaux. Lorsque les hommes seront logés, il ne sera pas difficile de leur faire comprendre que l'agriculture sera pour eux un puissant moyen de bien-être. Chaque peloton formant une ferme cultivée en commun, sous la surveillance de ses officiers, ferait d'abord du jardinage, puis s'occuperait des fruits, puis des céréales, puis de former un troupeau. A chaque razia le gouverneur donnerait des vaches, des brebis, des chèvres, des ânesses et surtout des jumens.

Il n'est pas douteux que des hommes sans famille et dans la force de l'âge, déjà logés, vêtus, fournis de toutes les choses nécessaires, obtiendraient une grande aisance par la culture d'un territoire fertile et par l'éducation de nombreux troupeaux ; une grande partie des produits serait consommée sur les lieux ; puis lorsque la production surpasserait la consommation, on enverrait un soldat vendre les denrées à la ville. L'argent qui en proviendrait serait employé par l'officier pour acheter du vin, afin d'augmenter la ration des hommes. Ce serait le meilleur moyen de détruire l'ivrognerie qui fait tant de mal à notre armée, et dont les privations sont la principale cause.

Chaque peloton aurait son infirmier chargé de donner les premiers soins que réclament de légères incommodités ; soins qui suffisent souvent pour arrêter les progrès du mal. Chaque bâtiment aurait une salle basse disposée pour les bains ou ablutions. Dans un pays aussi chaud il est indispensable d'habituer nos soldats à la propreté. Il faut en cela imiter les Mahométans.

Après peu de temps, l'état pourrait prendre sa part dans les produits de ces terres ; on supprimerait le vin et les vivres des campagnes ; on diminuerait successivement différentes allocations, même la solde et les fonds de linge et chaussure, lorsqu'on serait assuré que les hommes les retrouveraient bien au-delà dans les produits de la terre.

Des haras, dont la France sent depuis long-temps le besoin, pourraient être formés avec toutes chances de réussite. Les jumens de réforme et celles prises sur l'ennemi seraient distribuées entre les régimens colonisés. On leur donnerait un ou deux étalons des meilleures races. Des essais, pour lesquels il faudrait avoir égard à la nature du terrain, seraient tentés dans chaque corps ; une honorable rivalité s'établi-rait entre eux et amènerait probablement d'excellens résultats.

Le système qui consiste à répartir les poulinières et les élèves dans des fermes est infiniment préférable à la réunion des nombreux troupeaux. Les haras de cette espèce sont plus faciles à établir et moins coûteux, puisque les jumens et les jeunes chevaux sont em-ployés utilement; ces animaux deviennent ainsi plus dociles. La douceur très remarquable des chevaux arabes provient de l'habitude qu'ils ont de vivre avec des hommes plus encore que du sang. Les chevaux élevés en troupeaux sont toujours au contraire plus ou moins rétifs, inconvénient immense pour la troupe.

Trois ou quatre jumens dans chacune des vingt-quatre fermes d'un régiment colonisé produiront au bout de peu d'années assez de chevaux pour monter un escadron.

Mais avant d'avoir de la cavalerie, les régimens auraient des vieux chevaux, des jumens poulinières, des mulets, ou ânes de haute taille : ces bêtes de somme seraient de la plus grande utilité dans les marches. Les Turcs employaient avec succès, pour faire la guerre en Algérie, des mulets qui transportaient leur infanterie. Au Bardo de Constantine il y en avait douze cents destinés à cet usage. Cette infanterie montée, était semblable à nos premiers dragons avant que les parades eussent vicié l'institution en les transformant en cavaliers. Il n'est pas nécessaire d'avoir une bête de bât par fantassin, une seule suffirait pour huit ou dix hommes ; elle porterait les vivres , les sacs, les fusils, ou pourrait être montée par un malade ou un blessé, et permettrait de doubler et tripler les étapes. Ces bêtes de somme serviraient aussi pour les besoins de l'armée, et remplaceraient les mulets du corps des équipages dont l'entretien est si coûteux et dont la consommation est si grande qu'on a maintenant de la peine à s'en procurer.

Depuis long-temps les personnes qui portent un vif intérêt à notre armée cherchent à combattre l'oisiveté dont elle prend l'habitude en temps de paix. Dans certains postes en Afrique l'ennui fait mourir nos troupes de nostalgie.

Avec le système proposé, plus d'oisiveté, plus d'ennui : officiers et soldats sont occupés et prennent intérêt au travail parce qu'ils en recueillent les fruits. Les résultats sont immédiats et variés. C'est le bien-être, sous tous les formes, qu'ils poursuivent ; c'est la création avec tous ses charmes qui les préoccupe. Je crois tellement aux succès qu'obtiendraient ces régimens agricoles, que je suis convaincu que l'on voudrait créer des institutions semblables en France. Tout est dans ces mots : *permanence* et *fractionnement*, appliqués avec un peu de soin et d'intelligence.

Les avantages que j'espère ne se borneraient pas au bien-être des corps et à des économies pour l'état. Ils ne cesseraient pas pour les hommes avec leur temps de service. Nous avons toujours considéré l'armée en temps de paix comme une école : ici c'en serait une où l'on formerait les soldats à l'état d'agriculteurs. Lorsque les hommes auraient leur congé, on leur proposerait de rester dans le pays, de leur donner quelques hectares de terre à côté du blockhaus. Leurs camarades les aideraient à défricher, à bâtir, à meubler leurs maisons ; les officiers les dirigeraient ; on leur donnerait de l'argent pris sur la masse, des semences, des bêtes du troupeau, enfin on les établirait avec une sollicitude paternelle.

Pense-t-on qu'il soit indifférent à un soldat de se fixer à côté de ses camarades, avec l'appui de ses chefs, dans une maison qu'il aurait élevée sur une terre qu'il aurait défrichée souvent d'avance pendant les derniers mois de son service, ou d'aller dans un canton qu'il ne connaît pas, en compagnie de soldats d'autres corps ou de colons civils, s'établir avec des ressources douteuses ? On ne comprend pas l'empire de la camaraderie, et le besoin de société qu'éprouve le soldat français si l'on préjuge de ce que je propose par le peu de succès de ce qui a été tenté dernièrement à l'égard des soldats libérés.

Il est bien entendu que des règlemens devraient donner à ces colons une organisation stable et militaire. Leurs terres, sortes de fiefs ou de thimar, ne pourraient être aliénées ni divisées, et ils pourraient en être dépossédés pour mauvaise conduite. Ils seraient tenus à un service militaire. Leurs fils n'hériteraient du fief qu'aux mêmes conditions et après avoir servi dans l'armée. Tant que le régiment dont ils sortiraient continuerait à occuper la même ligne, ils seraient sous les ordres des officiers qui deviendraient leurs magistrats. Lorsque les besoins de la population ou toute autre cause ferait reporter le corps sur une autre position, les blockaus et une certaine quantité de terres également inaliénables seraient données à des officiers, soit à titre de récompense nationale, soit pour tenir lieu de retraite. Les magistrats de la colonie militaire seraient pris parmi eux.

Ces terres ainsi concédées seraient assez considérables pour former des colonies militaires à peu près semblables à celle de l'Autriche ; on aurait ainsi un moyen de résistance en cas de guerre, soit contre les indigènes, soit contre l'étranger.

Tel est à mon sens le moyen le plus sûr et le plus prompt de coloniser et de peupler l'Algérie, c'est la colonisation militaire commencée par la colonisation régimentaire. Le gouvernement en a tous les élémens dans la main, et l'œuvre serait certes bien avancée si l'on eût voulu s'en occuper depuis dix ans.

Pendant mon séjour à Alger, j'ai soumis ce projet à un grand nombre d'officiers, tous ont pensé que la réalisation en serait facile et satisferait l'armée.

Quant au terrain compris dans l'enceinte, il faut l'abandonner entièrement à l'industrie des colons civils.

Que les propriétaires s'arrangent avec des cultivateurs, des ouvriers, des Arabes, comme avant la guerre ; qu'ils les aident de leurs fonds ou leur vendent leurs terres ; il n'est pas douteux qu'ils réussiront dès que la sécurité sera rétablie.

On demandera sans doute sur quel terrain doivent être placés les régimens : je ne pense pas, comme le général Duvivier, qu'ils doivent être agglomérés; je crois au contraire qu'on doit, autant que possible, les étendre le long des lignes continues de manière à former un obstacle infranchissable. Mais la première considération, celle qui doit l'emporter sur toutes les autres, le premier soin, c'est la salubrité. Il ne faut pas exposer la santé du soldat sur un terrain malsain, même dans l'intérêt des colons. Le général Duvivier s'oppose énergiquement à ce que l'on établisse les troupes dans la plaine de la Métidja. Il pense qu'elle ne pourra être assainie de long-temps ; il fait observer que les populations établies dans les montagnes ont toujours dominé celles des plaines, par leur énergie et par leur situation: ces motifs me semblent puissans et je pencherais beaucoup pour que la ligne de nos blockaus fût établie sur le versant sud de la première chaîne de l'Atlas, si ce territoire est suffisamment fertile comme il le prétend et comme il m'a semblé probable, à en juger par les montagnes que j'ai vues : si l'on ne pouvait occuper dès à présent toutes les montagnes qui entourent la plaine et viennent rejoindre la mer , il faudrait lier l'extrémité de la ligne au rivage par un autre système de défense, soit en y établissant des tribus alliées, soit en y plaçant des corps indigènes dans les blockaus de cette partie de la ligne.

Une chose pourrait en même temps, être un obstacle aux incursions des Arabes, avancer de beaucoup la colonisation et servir utilement les opérations militaires : ce serait un chemin de fer partant d'Alger, contournant le pied de l'Atlas jusque près de l'embouchure de l'Aratch, suivant à peu près le cours de cette rivière, puis le pied de l'Atlas jusqu'à Blidah.

Les colonnes qui opèrent dans la province partent presque toutes de cette ville, il y aurait donc un grand avantage à ce que les troupes, les vivres, les munitions fussent transportés promptement et économiquement d'Alger à Blida.

Quant à la colonisation, il ne faut pas perdre de vue que le pied de l'Atlas est la partie la plus salubre et la plus fertile de la plaine ; que celle qui avoisine le Sahel est au contraire la plus marécageuse. Il est donc essentiel que la colonisation franchisse rapidement cette plaine pour s'établir à son extrémité : Rien ne favorisera mieux ce mouvement des populations qu'un chemin de fer qui rapprochera les distances.

Il faut bien se garder de construire ce chemin pour des locomotives, mais bien pour des wagons traînés par des chevaux. Les locomotives sont trois fois plus

pesantes que les wagons, elles exigent donc une soli-
dité triple dans tout ce qui tient à l'établissement des
rails: leur vitesse étant pour le moins double, les
chocs qui participent de cette vitesse seraient quatre
fois plus forts. L'emploi des locomotives exige des
pentes beaucoup plus douces, de sorte que l'établissement d'un chemin pour les locomotives serait au
moins trois fois plus coûteux que pour celui destiné à
l'usage des chevaux. Il en serait de même de l'exploi-
tation. L'achat et l'entretien des locomotives sont des
dépenses considérables, en Algérie surtout ou le com-
bustible est très cher et les chevaux très bon marché.

Il y aura donc une notable économie à construire
un chemin pour l'emploi des chevaux. Quarante personnes peuvent être traînées par un seul cheval avec
une vitesse de quatre lieues à l'heure. Pour ces chevaux il faudra des relais de deux lieues en deux lieues.
Les relais seraient gardés par des postes dont la force
serait en raison de leur position plus ou moins atta-
quable. Lorsque l'on verrait des Arabes dans la plaine,
quelques soldats pourraient être placés sur des wagons. Et la nuit ou dans les momens où il ne passerait pas de convois, on pourrait envoyer des wagons
à l'épreuve de la balle et manœuvrés par des hommes ou des chevaux cachés à l'intérieur. Ces sortes
de blockaus mobiles contiendraient un certain nombre d'hommes qui garderaient ainsi le chemin et la
plaine en se plaçant sur la ligne de distance en distance. Le chemin de fer pourrait être établi sur le

remblai du fossé qui vient d'être fait, le long de l'A-
ratch. Construit à une seule voie, avec des rails du
poids de 15 kilogrammes ; il ne coûterait pas plus de
1,500,000 f.

DES INSTITUTIONS ET DES MOEURS.

Si l'idée d'une colonisation excite l'enthousiasme
et porte la France à de si grands sacrifices, c'est
qu'il y a là une création et que l'homme par sa nature
est essentiellement créateur. Mais suffira-t-il à la
France, si remplie d'imagination, si fertile en idées,
si portée vers l'amélioration et le progrès, de trans-
porter à Alger son organisation sociale déjà reconnue
si imparfaite ; croira-t-elle avoir accompli sa mission
créatrice, lorsque, prenant servilement les institutions
d'une société ancienne et homogène, elle en aura af-
fublé une société nouvelle, composée d'élémens hété-
rogènes, qui ne sauraient de long-temps présenter les
mêmes principes de stabilité.

Croit-on qu'une population qui est composée d'Européens de toutes nations, de Maures, de Juifs, et qui
doit tendre à s'assimiler les Bédouins et les Cabaïles,

puisse supporter les imperfections de notre état social!
Croit-on que ces vices de législation qui nous déso-
lent déjà, mais auxquels l'habitude nous a pliés, ne
seront pas insupportables à ces différens peuples !

Oui la création de cette nation, fille de la France,
doit être pure de toutes nos imperfections. C'est pendant son enfance qu'il faut façonner ses mœurs et ses
idées par des lois fortes. C'est chez elle qu'une phi-
lantropie véritable peut tenter des essais ou du moins
réformer des abus incontestés.

J'ai déjà indiqué un système d'impôt foncier qui
exercerait une influence puissante sur l'avenir de la
colonie ; mais ce qui demande la plus sérieuse attention, c'est l'organisation de la justice.

Les peuples du Nord sont calmes ; les peuples civilisés sont habitués à réprimer leurs passions; l'éducation leur a donné l'horreur du crime. Là où la plupart des habitans ont été élevés ensemble, l'opinion
publique est un frein puissant ; une justice sévère et
impitoyable n'est donc pas un besoin assez impérieux
chez ces peuples, pour qu'on veuille lui sacrifier un
seul innocent ; on préfère y laisser échapper de nombreux coupables bien reconnus, bien avérés pour tels.

Il n'en peut être de même dans une colonie où
les habitans, étrangers les uns aux autres, viennent de
pays différens et ne parlent pas la même langue.
Comme émigrans, ils ont, par ce seul fait, l'esprit
plus inquiet : ce sont généralement des Méridio-
naux d'un caractère emporté et peu réfléchi. Enfin la législation doit s'appliquer aux indigènes à demi

civilisés, chez qui le vol est loin d'être vu avec mépris, et auxquels l'assassinat n'inspire pas la même horreur qu'aux Européens. Aussi sont-ils les premiers à réclamer une justice sévère et prompte, parce que, avec leurs mœurs et leur amour de l'argent, le premier besoin est d'être suffisamment protégés, dût le juge être souvent trop rigoureux et même commettre quelques erreurs. Il est déjà constant que les formes, les lenteurs, les hésitations de nos tribunaux sont regardés comme des faiblesses par les indigènes.

Ce n'est pas seulement la justice criminelle et correctionnelle qui doit être organisée différemment qu'elle ne l'est en France, c'est aussi la justice civile. Ses frais et ses lenteurs sont considérés chez nous comme une véritable calamité ; les juges et même les avocats et les avoués qui en vivent, ne peuvent s'empêcher de plaindre quiconque a un procès. Pourquoi donc n'établirait-on pas en Algérie une justice prompte et réellement gratuite ; une justice sans avoué, sans avocat, sans huissier, ne serait-elle pas une belle et bonne chose ? On se plaindrait de ses décisions assurément, mais pas plus qu'on ne le fait en France.

Le demandeur irait trouver le juge qui citerait la partie devant son tribunal. La citation serait portée gratuitement par un gendarme : les deux parties expliqueraient leur affaire, et le juge prononcerait ; la sentence écrite par le greffier serait à la disposition des parties.

Il faudrait nécessairement rendre aux juges des affaires civiles le droit de prononcer des peines. La justice étant gratuite, les gens de mauvaise foi trouveraient sans cela tout profit à élever des contestations : ils auraient la chance d'une erreur judiciaire : la mauvaise foi doit donc être reprimée.

Ce sont d'ailleurs les magistrats qui doivent veiller sur les mœurs, sur la probité et punir les méfaits. Ce serait un grand malheur, si comme en France les formes de la justice l'emportaient sur le fond et protégeaient le coupable ; si un crime ou un délit bien reconnu , bien constaté pouvait rester impuni parce que la loi ne l'a pas prévu ou que l'habileté du coupable a su le revêtir d'une forme nouvelle. Toute société a besoin d'un censeur sévère qui maintienne les mœurs et protège les citoyens, mieux que ne peuvent le faire les prescriptions d'une loi toujours incomplète. Vouloir que les législateurs prévoyent toutes les distinctions que saura imaginer l'esprit fertile des avocats ; qu'ils remplissent toutes les lacunes qu'ils sauront découvrir, c'est les condamner au supplice des Danaïdes (1).

En France, c'est surtout l'opinion publique, qui, à

(1) Un malheureux préjugé a fait admettre chez nous en jurisprudence que toute question criminelle était de droit étroit. Le droit étroit doit être réservé pour les priviléges et les prescriptions qui, fondées sur des principes d'ordre public, ne le sont pourtant pas sur des principes d'équité. Mais la répression et la punition de tous crimes et délits étant de droit naturel, ne devraient pas être rangées dans le droit

défaut de la justice, préserve, tant bien que mal, la société contre les fripons. En Algérie, les magistrats devront être chargés de réprimer et de punir tout acte condamnable.

Combien en Europe de fraudes coupables, de falsifications de matières, par exemple, sont commises par des fabricans et des négocians contre lesquels on ne sévit jamais. Ces actes portent cependant un grave préjudice et à la morale publique et au commerce avec les étrangers.

Ne pas payer ce que l'on doit, quels que soient les engagemens contractés, n'est, par suite de nos idées encore féodales, ni un crime, ni un délit. A grande peine, l'on a maintenu la contrainte par corps, pour un petit nombre de cas, c'est-à-dire la faculté pour l'offensé de détenir dans une prison où il le nourrit confortablement, à ses frais, l'homme perfide qui l'a ruiné en abusant de sa confiance. Puis l'on s'étonne qu'avec de si faibles garanties, lorsqu'il est même sévèrement défendu de recevoir un gage ou une prime d'assurance, le crédit soit rare et les prêteurs exigeans !

En Turquie, le juge donne un temps suffisant au débiteur pour s'acquitter, et s'il ne le fait pas, il se charge de la punition, en proportionnant la peine aux circonstances.

étroit. C'est une société bien près de sa dissolution que celle où le juge reconnaît le mal, flétrit le fripon d'un blâme impuissant et le renvoie absout, sous prétexte que la loi n'a pas prévu son crime.

En Europe celui qui n'a rien est assuré de l'impunité ; il peut devoir, plaider, ne pas exécuter les jugemens: aucune pénalité ne réprime sa mauvaise foi. Voilà ce qu'il faut éviter. Il faut prendre ce qu'il y a de bon dans la justice turque, si supérieure à la nôtre par son économie, sa promptitude, son équité et sa sévérité ennemie des chicanes. Oui nos hommes de loi, conséquence obligée de la lâcheté de nos mœurs, seraient en horreur aux indigènes, ils les feraient fuir au fond des déserts, mieux que nos baïonnettes et nos canons, comme l'a si bien dit M. Blanqui. Rappelons-nous que jadis les Germains, poussés à la révolte par l'insupportable joug des hommes de loi venus à la suite des légions romaines, leur coupaient la tête, et la plaçant sur la tribune, leur y clouaient la langue, en disant, *siffle donc, langue de vipère !*

Déjà les colons de Philippeville ont demandé au gouverneur de n'avoir pas d'avocats, et il n'est pas douteux que la population de l'Algérie ne partage le même désir.

Un des moyens de simplifier les affaires, et d'empêcher les hommes de loi de se rendre indispensables, ce serait de choisir les magistrats non pas parmi les érudits qui ont étudié pendant des années et nos codes et les lois romaines et la jurisprudence française ; mais parmi les officiers déjà âgés, connus par la rectitude de leur jugement et la droiture de leur cœur. Quiconque a suivi des procès en France, sait que les cours royales font peu de cas de la jurisprudence des autres cours, souvent même de la leur ; cette étude de jurisprudence est donc inutile. Quant aux lois, elles ont été tellement disséquées, retournées, interprétées, que les magistrats n'ont recueilli de leurs études que le moyen d'éluder leurs prescriptions pour juger en équité, ou souvent d'après les sympathies que leur inspirent telles ou telles causes. Tant de science est donc inutile, et il est bien certain qu'un brave militaire, avec son bon sens, jugera plus vite et mieux que des magistrats, et qu'il saura mieux surtout défendre le sanctuaire des lois de l'envahissement des praticiens. Il sera d'ailleurs facile d'établir un mode de révision et de contrôle, pour empêcher les abus que l'on pourrait redouter de la part d'un tribunal composé d'un seul juge.

On comprend quelle importance j'attache au choix de ces magistrats, puisque j'en fais, non pas seulement des juges, mais aussi des censeurs. Des hommes faits qui ont passé l'âge des passions et dont la vie, déjà longue, peut servir de gage, sont seuls propres à remplir de telles fonctions.

Le Coran, rédigé par un souverain, n'a pas eu seulement pour but l'enseignement des pratiques religieuses, il a voulu moraliser la société et donner les moyens de la gouverner. Il sert de guide aux Muphtis qui jugent d'après sa morale et punissent ceux qui contreviennent à ses saines doctrines; mais c'est un guide et non pas une loi judaïque.

La loi française, au contraire, ne punit que les délits prévus et spécifiés. Rédigée dans le seul intérêt de l'accusé, elle livre la société aux fripons émérites.

Faite en méfiance de l'autorité, elle la laisse désarmée et exposée au mépris de ceux qui la bravent
comme de ceux qui auraient besoin de sa protection.

En Algérie, les magistrats doivent réprimer la
fraude et la perfidie. Ils doivent punir non seulement celui qui a commis le délit, mais encore celui
qui ne s'y est pas opposé, celui qui ne l'a pas dénoncé. La police, pour n'être plus livrée à des agens
salariés, doit être faite par tout le monde, et d'abord
par les honnêtes gens : c'est un des premiers devoirs
du citoyen ; le magistrat doit punir celui qui manque
à ses devoirs, celui qui éprouve pour le criminel une
lâche sympathie, celui qui préfère son repos à la répression d'un crime.

Il doit flétrir et punir tout mensonge, car le mensonge est la plus grande preuve de dépravation et
d'avilissement ; c'est lui qui ouvre la porte à toutes
les immoralités.

On demande comment les Turcs pouvaient se maintenir avec si peu de monde. C'est par le respect qu'ils
se portaient à eux-mêmes et qu'ils avaient su inspirer aux indigènes ; c'est parce que leur parole était
sacrée pour les plus petites comme pour les plus
grandes choses ; c'est parce que jamais le mensonge
ne souillait leur bouche. Tâchons donc de nous montrer dignes de leur succéder.

Voilà les idées, les principes salutaires, qu'on doit
inculquer à cette société nouvelle. Alors l'Algérie ne

sera pas seulement une terre défrichée, mais une société régénérée.

Les peines infligées devraient être le blâme, la réprimande publique, la suppression des droits politiques, l'interdiction de toutes fonctions publiques, les dommages-intérêts envers la partie lésée, l'amende au profit de l'état, la bastonnade, la prison et la mort.

Le choix de ces peines doit appeler également l'examen le plus attentif. Un usage, établi d'abord par les Romains, puis par les Germains, comme conséquence de la conquête, accordait au peuple dominateur le droit de n'être pas frappé. Sous la féodalité, ce privilége, qui avait été naturellement conservé par la noblesse, a été revendiqué et obtenu par les hommes libres. Les peines corporelles réservées pour les classes méprisées, sont dès lors devenues infamantes, et nos mœurs tout empreintes de préjugés féodaux, ont accepté cette opinion que la fausse sensiblerie du siècle est encore venue renforcer.

On sait pourtant combien il est immoral de renfermer ensemble des hommes, dont les uns jeunes et susceptibles d'être ramenés dans la voie du bien, sont livrés à l'influence corruptrice de malfaiteurs consommés. Prévenus et condamnés sont le plus souvent cependant entassés pêle-mêle dans nos prisons; tous les crimes y sont confondus; ceux qui proviennent de la violence ou de l'irréflexion, avec ceux qui ont leur source dans la bassesse et la dépravation. Le moral des prisonniers n'est pas seulement compromis par ces déplorables réunions, où l'homme honnête est condamné au contact incessant de l'homme perverti, où l'oisiveté le prépare et le livre désarmé à la débauche. Le corps y perd aussi ses facultés, la santé s'altère, et le malheureux sort de prison énervé autant que corrompu. Enfin la ruine de l'individu, la misère de sa famille, sont les conséquences obligées de sa détention.

Cette peine est encore supportable dans les pays froids et humides, où l'ombre de la prison n'est guère plus obscure que celle des brouillards qui enveloppent ces contrées; où l'air méphitique des cachots n'est guère plus humide que celui que l'on respire dans ces tristes climats. Mais dans le Midi, sous ce ciel si beau, où l'homme vit d'air et de lumière, où il a besoin de jour : là, la prison est un insupportable supplice; aussi inspire-t-elle aux Arabes une invincible horreur. Un des plus précieux avantages de l'Algérie, c'est la beauté de son ciel, de ce ciel qui donne aux habitans du Midi une gaîté, un vie, un bonheur que n'ont assurément pas les habitans du Nord. Il ne faut donc pas imposer à ces hommes privilégiés par un si beau climat, une peine aussi abrutissante (1).

La dénomination de peines corporelles est-elle

(1) Rien ne donne mieux l'idée du caractère arabe que l'usage fréquent qu'ils font du mot *fantasia*. De même que chez d'autres nations un jurement qui indique la mauvaise humeur revient sans cesse à la bouche du peuple, de même chez eux, la fantaisie, la chose qui plaît, qui séduit est celle qui les préoccupe le plus. Comment condamner de tels hommes au dévorant ennui de la prison !

seulement exacte ? Peut-on dire que la prison ne s'attaque pas au corps, parce qu'en même temps elle détruit
la fortune et corrompt les facultés de l'âme ! Tâchons
donc, lorsque nous fondons une colonie nouvelle, où
nous pouvons conserver les lois du pays, de ne pas les
remplacer par les nôtres qui n'ont d'autre mérite que
d'être conformes à nos préjugés féodaux.

La première chose à faire, c'est de supprimer la
prison préventive toutes les fois que l'inculpé peut
donner suffisante caution ; c'est, du moins, de l'a-
bréger par la promptitude de l'instruction. Quant aux
condamnations, ne pourrait-on d'abord autoriser tout
individu condamné à la prison à la racheter par une
correction corporelle ? Observons au reste que d'a-
près nos préjugés rien ne s'oppose à ce que des
crimes infamans soient punis par des peines infamantes.

C'est en appliquant à l'Algérie une législation morale en rapport avec le climat, les mœurs, les besoins
des populations indigènes, que nous finirons par nous
les assimiler. Certes, les Arabes nous savent gré de
l'égalité devant la loi dont nous les faisons jouir,
comparée au mépris, à l'abaissement dans lequel les
Turcs les tenaient asservis ; mais ils ne nous en sauront aucun de la pusillanimité de notre justice, ni de
ses interminables et ruineuses lenteurs, ni des chicanes dans lesquelles elle se laisse enlacer, parce qu'ils
ont besoin d'une protection active qu'ils n'obtiendront
que par une répression énergique.

On doit comprendre qu'il est nécessaire d'établir

une législation nouvelle en Algérie ; qu'il faut la simplifier autant que possible, ce qui sera facile en laissant une grande latitude aux magistrats ; qu'il faut surtout qu'elle soit faite pour le peuple conquis et que l'on ne saurait trop étudier ce en quoi les idées des Arabes diffèrent de celles des Européens. Chez nous, à tort ou à raison, l'on s'efforce de surexciter l'horreur de la mort qu'un sentiment inné a déjà bien assez profondément inculqué dans le cœur de l'homme. Législation, usages, mœurs, littérature, tout chez nous s'efforce à l'envi de nous faire considérer la mort avec effroi. Est-ce pour nous apprendre à respecter la vie des autres ? Est-ce pour faire preuve de sensibilité ? Je l'ignore ; toujours est-il qu'avec une telle éducation, il y a du mérite aux Européens modernes à conserver quelque énergie. Chez les Arabes, au contraire, on exalte le courage de ceux qui exposent leur existence, on se console vite de la mort de ceux que l'on perd, et le calme avec lequel les condamnés se soumettent à une exécution capitale, montre qu'ils y sont toujours préparés. Il en résulte qu'ils sont tout disposés à risquer leur vie et à sacrifier celle des autres pour le moindre lucre. Ce qui prouve qu'ils respectent peu la vie des autres hommes, c'est l'empressement avec lequel ils remplissent les fonctions de bourreau, soit pour donner la bastonnade, soit pour décapiter.

Avec de tels mœurs, les hommes sentent le besoin d'être efficacement protégés ; ils veulent une justice prompte et sévère, qui n'attache pas à la vie d'un homme plus d'importance qu'il ne le fait lui-même.

N'oublions pas que lorsque les Arabes ont refusé obéissance à la France pour se soumettre à Abd-el-Kader, le plus grand reproche qu'ils nous adressaient, c'était de ne pas les gouverner. Un exemple va montrer ce qu'ils appellent gouverner.

Il existe dans les montagnes situées entre Bougie et Constantine, une contrée habitée par les Cabyles, qui, sur vingt lieues de long environ, reconnaît l'autorité d'un même chef. Ce chef, qui a toujours été indépendant, même du temps des Turcs, a soin de se rendre aux différens marchés qui ont lieu dans ce pays. Là, il se promène suivi de ses chaoux. Lorsqu'il se commet quelque méfait, on lui amène le délinquant. Il se fait expliquer l'affaire, entend l'accusé, et s'il le juge coupable, il lui ordonne de tendre le cou, ce à quoi le Cabyle obéit toujours docilement ; il tire un couteau de sa ceinture, lui coupe la gorge et passe : l'homme tombe et les chaoux l'achèvent. Hé bien ! non pas malgré, mais à cause de cela, ce prince justicier est aimé et considéré de ses sujets. C'est que les rigueurs et la promptitude de la justice doivent toujours être en raison des mœurs. Un habitant de Rome ne trouvait pas de plus bel éloge à faire du gouvernement français, que de dire : « Alors il n'y avait ni pitié ni protection ; on n'y regardait pas comme à présent pour couper la tête d'un homme. » Un vieux Corse me disait un jour : « Le meilleur gouverneur qu'ait eu la Corse, c'était M. de Marbeuf ; mais si un ennemi vous glissait une balle dans la poche, vous étiez perdu. »

Je ne parle ici que de la législation à établir dans la partie colonisée; dans le reste de l'Algérie, il faut maintenir et prendre pour règle les usages des Arabes. Il est donc impossible de faire droit à la singulière prétention de la Cour de cassation, d'évoquer la révision des jugemens prononcés en Afrique, même à l'égard des Arabes, même par des juges arabes, même d'après les lois arabes. On peut bien moins encore maintenir cette ridicule ordonnance qui défend l'exécution de tout individu condamné à mort sans la sanction et la ratification royale. Que résulterait-il de là ? Ce qui est déjà arrivé : des commandans français ne pouvant infliger que des coups de bâton à des hommes coupables de tous les crimes, les condamnaient à en recevoir cinq cents et intimaient aux chaoux l'ordre de les faire mourir sous les coups. C'est affreux, dira-t-on; oui, c'est affreux, sans doute, mais moins que de laisser sans répression suffisante l'assassinat de nos soldats, que de laisser sans protection efficace les hommes qui reconnaissent l'autorité de la France. J'ai connu un officier qui avait agi ainsi, et cependant en Algérie je l'ai entendu accuser de partialité pour les indigènes. Dernièrement encore, à la Chambre, on demandait si les Arabes, exécutés dans la province de Constantine, avaient été légalement jugés. On oublie que chez les Arabes, un homme condamné par un chef supérieur, se considère comme très légalement jugé. On oublie que la législation française n'est heureusement pas établie en Algérie; que si elle l'était, il faudrait prononcer la mise en état de siége d'un pays en état de guerre. Il a fallu toute la pusillanimité de M. le Ministre de la guerre pour céder à des exigences aussi contraires aux besoins du pays, aux nécessités de la conquête, et à l'état de guerre incessant où il sera encore long-temps. On doit gémir de voir la manière dont il a défendu ou plutôt condamné les actes d'un brave général qui tous les jours expose sa vie, ruine sa santé, compromet sa responsabilité, et sacrifie les sentimens de pitié et de sympathie qui sont chez tous les hommes, pour conquérir une province à la France.

Il serait bien de former une commission chargée de préparer un Code algérien, de la réunir, non à Paris, mais à Alger, de la faire nommer non par le ministère, mais par le gouverneur général, enfin de n'en pas rétribuer les membres. Ces deux dernières conditions sont surtout nécessaires pour qu'elle soit composée d'hommes dévoués et doués de l'énergie suffisante pour s'affranchir des préjugés.

Ce Code devrait ressembler plutôt à un livre de morale qu'à notre Code pénal, qui part de ce principe que tout ce qui n'est pas défendu est permis. Il doit contenir des instructions plutôt que des prescriptions. Ce ne doit pas être, comme notre Code, qui semble rédigé pour l'instruction des criminels, un tarif des peines attachées à chaque délit. Ce doit être d'abord et avant tout, un livre de sages préceptes, qui frappe le peuple de respect et qui lui serve de guide pour distinguer le bien du mal. Puis il doit servir aux juges pour les aider dans leur mission, mais jamais la lettre n'en doit tuer l'esprit, jamais il ne doit servir pour protéger le coupable, jamais il ne doit admettre, en matière criminelle, ce droit étroit que nos avocats ont su imposer à la faiblesse de nos magistrats.

La commission de législation devrait être également chargée d'établir les impôts qui ne sont jusqu'à présent qu'une servile imitation de ceux de la France. C'est ainsi que l'on a mis des droits d'octroi à l'entrée des villes. Comme il a fallu des tarifs très bas, ces octrois ne rapportent pas les frais de perception et néanmoins ils occasionnent des réclamations et causent du mécontentement par les vexations inséparables de toute perception d'impôts, surtout lorsque les percepteurs ne connaissent pas la langue du pays. J'étais à Mostaganem dans un moment où les transactions étaient d'autant plus actives qu'après une longue interruption elles venaient de reprendre par suite de la soumission des Medgers. Eh bien ! le revenu était d'environ trente francs par jour, somme insuffisante pour rétribuer les employés, quoiqu'il n'y eut qu'une seule porte. Et pour atteindre cette somme, l'impôt était obligé de frapper sur les chevaux achetés pour la remonte, de telle sorte que le fisc se faisait payer par lui-même.

Croirait-on que l'administration des eaux et forêts a introduit en Algérie un personnel complet et très nombreux, qui malgré tous ses efforts n'a pu se créer l'ombre d'un occupation. Pauvre budget !

On se préoccupe souvent en France, beaucoup plus

même qu'on ne le fait en Algérie, des droits politiques à donner aux colons. Ces droits sont de différentes natures. D'abord la nomination à certaines fonctions gratuites, puis celle de représentans, membres des assemblées chargées de voter ou de refuser l'impôt et par suite de participer au gouvernement. Quant aux fonctionnaires, ce qui constitue leur indépendance, c'est bien moins le mode d'élection que leur caractère honorifique. Il sera bon néanmoins de faire nommer certains d'entre eux par les habitans. Mais ici encore il faudra distinguer entre ce qui importe à la sécurité qui seule constitue la véritable mission des gouvernemens, et toutes les autres attributions qui peuvent et qui devraient être exercées par des fonctionnaires complètement indépendans. Ainsi les magistrats chargés de la justice, de la police, les officiers des troupes régulières, des milices, de la garde nationale, que leurs fonctions soient rétribuées ou non, doivent toujours être à la nomination du gouvernement. Cela est surtout nécessaire dans un pays comme l'Algérie, où les gardes nationales et les milices peuvent avoir à soutenir une guerre très active. D'un autre côté, rien ne s'opposera à ce que les habitans nomment les fonctionnaires chargés de l'entretien des routes, des ports, des rues, des hôpitaux, des écoles, des églises, aussitôt que ces différentes dépenses seront payées par les habitans et non par le budget de la France, moment que l'on doit hâter le plus possible (1).

(1) L'une des choses qui rend le gouvernement représen-

Quant à une représentation nationale, qui ne prend de force que dans le vote du budget ; on conçoit qu'il serait absurde d'y songer tant que les fonds seront fournis par la France. Mais ce qui est essentiel surtout, c'est de ne concéder ces droits que lorsque les mœurs des citoyens les auront rendus propres à les exercer. Que la France nous serve encore d'exemple à cet égard. Pourquoi tant de mécontentement et de découragement ? Pourquoi les uns invoquent-ils un pouvoir absolu, tandis que d'autres au contraire en appellent à une liberté illimitée et sans réflexion. Cela tient sans doute au vague des idées, résultat nécessaire de l'absence de tout principe fixe dans la science gouvernementale dont on secoue tous les jours le joug de plus en plus. Mais cela tient bien plus encore à nos mœurs. Ce n'est pas assurément que les Français soient plus corrompus qu'à une autre époque ou que les autres peuples. Ils sont comme toujours et partout un mélange de bien et de mal. Mais c'est que nos qualités sont plutôt celles qui font des hommes aimables et des nations héroïques, que des hommes libres et des nations capables de se gouverner. C'est qu'il y a chez nous plus de sympathie que d'équité, plus de pitié que de justice, plus d'obligeance que d'amour des devoirs, plus de bienveillance pour ceux qui nous entourent que d'amour pour la patrie : c'est que nous

tatif beaucoup plus facile en Angleterre qu'en France, c'est que ce pays a le bonheur de n'avoir de ministère ni des travaux publics, ni de l'intérieur, ni des cultes, ni de l'instruction publique.

avons plus d'entraînement que de réflexion, plus de désir de paraître que d'être ; c'est que la peine nous inspire plus d'horreur que le coupable ; c'est que le culte de la vérité n'exerce aucun empire sur nos âmes. Voilà pourquoi la conscience du juré, le vote de l'électeur, l'opinion politique du citoyen, la probité du fonctionnaire, sont sans cesse sacrifiés aux moindres convenances de société. Voilà pourquoi les vices et les passions égoïstes, qui existent en France comme partout, prennent tant de force dans une atmosphère si bien préparée pour eux.

Pour me résumer sur l'administration de l'Algérie, je dirai qu'il faut se garder d'imposer à ce pays nos institutions françaises.

Cette conviction que tout est à faire à nouveau et non à copier, fait mieux ressortir encore la vérité de ces paroles de M. Thiers, que l'avenir de l'Algérie est dans le choix d'un homme. Le choix est difficile assurément ! Ce gouverneur sera-t-il militaire ? S'il ne l'est pas, il faut pourtant qu'il comprenne que l'armée est la fille aînée de la France, que c'est sur elle, quel que soit le système adopté, que reposent le présent et l'avenir de notre conquête. Il faut qu'il assigne à chacun son rang et qu'il repousse surtout les prétentions des magistrats qui répètent trop souvent *cedant arma togæ.* Si au contraire c'est un général qui commande, il ne doit pas oublier que l'armée n'est que le moyen et non le but, et qu'il doit accorder aux colons une protection suffisante pour les attirer et pour les attacher au sol.

Une des choses qui m'a le plus frappé, c'est le peu d'accord, la rivalité, la jalousie qui existent souvent entre les fonctionnaires civils et militaires. Je pense que les premiers gagneraient beaucoup à être franchement placés sous l'autorité des seconds ; car ils ne peuvent rien sans eux, et leur opposition se borne à se renfermer dans une superbe inertie. En Algérie, la hiérarchie doit être établie entre tous les fonctionnaires, non pour régler une vaine prééminence, mais une obéissance réelle qui centralise tous les pouvoirs dans les mêmes mains et coordonne toutes les forces. L'homme capable et au courant des affaires, saura toujours exercer une influence suffisante.

Puisque j'ai parlé de l'importance qu'on doit attacher au choix du gouverneur, je crois devoir dire que le général Bugeaud est à mes yeux l'un des plus capables de mener les choses à bien : non que je lui accorde toutes les perfections. Il a blessé l'amour-propre des colons par des boutades injurieuses, il a de faux principes d'économie politique, il a apporté des entraves au commerce qui ne peut vivre que de liberté. Je lui reproche surtout d'aimer trop à diriger en personne les opérations militaires. Sa présence est trop nécessaire dans son cabinet pour qu'il puisse ainsi le déserter, et lorsqu'il est à la tête d'un corps il lui donne nécessairement une importance et une force préjudiciable ; mais tout le monde reconnaît au général Bugeaud un cœur bon, honnête et généreux, une grande ardeur, un grand désir de bien faire ; il passe pour savoir écouter et pour avoir le sens droit.

Voilà assurément les qualités les plus essentielles pour un gouverneur-général. Le plus grand obstacle qu'il rencontrera sera dans le ministre ou dans ses commis. On a vu déjà comment les bureaux veulent régenter et régulariser ce qui ne peut l'être. On a vu le ministre de la guerre soumettre l'Algérie à la critique de la Cour de cassation, on l'a vu sacrifier le général Négrier à de vagues accusations. Avec un tel ministre le gouverneur de l'Algérie doit être armé d'une inébranlable fermeté et avoir toujours sa démission prête.

Avant de terminer cet exposé des moyens que je crois les plus propres à assurer la prospérité de la colonie et à consolider notre conquête, je dois parler de l'instruction des Arabes à laquelle j'attache une très haute importance. Ils sont doués d'un esprit prompt, facile, curieux ; ils estiment à un haut degré toutes sortes de sciences, et malgré leur existence nomade ils n'en sont pas complètement dépourvus. Uu moyen puissant de nous les attacher serait donc d'organiser une instruction à leur portée. Il faut établir dans toutes les villes de notre domination des écoles où l'arabe et le français soient également cultivés ; il faut établir des imprimeries pour répandre des ouvrages écrits dans la langue arabe.

Mais cette langue, ainsi que le Persan, le Turc et presque toutes celles de l'Orient, présente de grandes difficultés par la composition de son alphabet plus vicieux encore que le nôtre , puisque les voyelles doivent être indiquées par des points que l'on se dispense même presque toujours de mettre.

Il serait donc d'abord essentiel de leur donner un alphabet plus rationnel et plus simple (1).

On doit songer que les langues française et arabe devant être simultanément enseignées aux Français et aux indigènes, ce serait faciliter beaucoup ce double enseignement que de n'avoir qu'un seul et même alphabet, qui, à quelques signes près, serait commun aux deux langues. J'ai signalé comme un très grand mal l'antipathie qu'éprouvent les Français pour les Arabes, et que ceux-là leur rendent probablement au fond du cœur. Je n'hésite pas à dire qu'elle provient surtout de la difficulté de s'entendre. Tout ce qui tiendra à faciliter l'étude réciproque des deux langues sera donc un moyen puissant de fusion, et le meilleur de tous serait assurément un alphabet commun et très simplifié.

On voudra peut-être proposer d'écrire l'arabe avec l'alphabet français ; mais quoique moins vi-

(1) Cette difficulté de l'alphabet, surtout pour les langues orientales, a été signalée par Volney, qui a publié plusieurs ouvrages pour en démontrer les vices et pour en proposer le remède ; il a même fondé un prix à l'académie pour celui qui saurait résoudre le problème.

Un médecin français, M. Tenle, qui a passé plusieurs années à parcourir l'Orient, et à chercher les causes de la décadence de l'empire Ottoman, a cru reconnaître que les Turcs nous étaient très supérieurs par les qualités du cœur ; mais très inférieurs par l'instruction. Il a signalé l'alphabet incomplet de l'Orient comme le principal obstacle à toute instruction populaire et comme la première chose à réformer.

cieux que l'alphabet arabe, le nôtre contient encore des anomalies, des exceptions si nombreuses, que l'instruction élémentaire du peuple a jusqu'à ce jour éprouvé d'insurmontables obstacles qui doivent être uniquement imputés à cet alphabet; ce serait donc le cas d'adopter pour une colonie nouvelle un alphabet rationnel et simple, applicable à toutes les langues de la terre, qui permettrait de généraliser l'instruction même chez les adultes. Ce serait utile, non pas seulement pour les Français et les Arabes, mais encore pour cette foule d'étrangers qui font d'Alger une véritable Babel.

Je me suis depuis bien long-temps occupé de cette question et j'ai acquis la conviction intime que la réforme de l'alphabet, bien plus facile à réaliser que celle des poids et mesures, augmenterait la richesse des peuples mieux encore que ne l'ont fait les inventions de Watt et d'Artwrigt, et qu'elle rapprocherait les nations par les liens de la pensée mieux que les plus merveilleuses inventions de la mécanique ne pourront jamais le faire.

Imp. de Mme DE LACOMBE, r. d'Enghien, 12.